Inge Podbrecky

Wiener Jugendstil

Gehen & Sehen

Vier Routen – von Hoffmann bis Wagner,
von Postsparkasse bis Secession

Mit Fotos von János Kalmár

Falter Verlag

Autorin: Inge Podbrecky

Fotos: János Kalmár

Für die Fotoabdruckgenehmigung danken wir:
Raiffeisenlandesbank NÖ-Wien (Seite 43),
Bundeskanzleramt (Seite 49), Dkfm. Zacherl (Seite 52),
Knize & Company (Seite 59), Österreichische Postsparkasse (Seite 63),
Museen der Stadt Wien (Seite 73),
Sozialmedizinisches Zentrum Baumgartner Höhe (Seite 91 unten und 92),
Heiliggeistkirche (Seite 95, 96).

Lektorat: Ulrike Hirhager

Grafische Gestaltung: Christof Janitschek

Karten: Marion Großschädl

Produktion: Susanne Schwameis

Satz und Layout: Falter Satz, Wien

Gedruckt in Slowenien

ISBN 3-85439-328-8

© 2004 Falter Verlagsgesellschaft m.b.H.
1011 Wien, Marc-Aurel-Straße 9
Telefon 01/536 60-0, Fax 01/536 60-35
E-Mail/Verlag: bv@falter.at, E-Mail/Bestellungen: service@falter.at
Homepage/Bookshop: www.falter.at

INHALT

Vorwort

„Gehen und Sehen" – schon wieder eine neue Reihe im Falter Verlag? Ob die gehen wird? Werden wir sehen! Jedenfalls will sie ihr Publikum zum Gehen animieren, damit es sehen kann. Zum Gehen in der Stadt, zu City Walks. Als Städter haben wir uns an fahrige Bewegungsformen gewöhnt, aus Notwendigkeit, rasch von einem Punkt zum anderen zu gelangen. Das erledigen wir möglichst im Untergrund, also blicklos für die Umgebung. Wir gewöhnen uns ans Raschere, indem wir weniger sehen. Vielleicht, um uns von der Reizlawine Großstadt abzuschotten. Vielleicht, damit wir nicht an das ungemäße Tempo des Transports denken müssen. Schnelle Transporte lenken die Sinne ab; dieser Zerstreuung kann man nur mit Ausblendung der Reize begegnen oder, wo sie gefährlich wird, wie beim Autofahren, mit einer Konzentration auf punktgenaues, kanalisiertes Sehen. Damit nichts passiert.

Offenbar ist unser Gehen durch Stadt, Land und Leben von diesen Formen des Transports infiziert. Oft geht man dieselbe Strecke, ohne irgendetwas wahrzunehmen, in sich gekehrt, wie automatisch, und erwacht erst am Ziel aus seiner Bewusstlosigkeit; man hat sich gehen lassen. Natürlich wollen wir dagegen nichts sagen, und schon gar nichts gegen die schöne Sitte, sich zu ergehen, einfach so dahinzugehen. Walter Benjamin hat es als die höchste Kunst gelobt, in einer vertrauten Stadt in die Irre gehen zu können.

Wo gehts da zur nächsten Sehenswürdigkeit? So sind diese Führer nicht gemeint; sie wollen vielmehr den Blick für ein Thema schärfen, indem sie Ihnen vorschlagen, sich darin zu ergehen und es sich zu er-gehen. Nicht in Form einer Marschroute, eher in Form eines Mäanders, eines unregelmäßigen Gehens durch die Stadt, wo neben den Monumenten des Jugendstils, die unsere kenntnisreiche Autorin Inge Podbrecky Ihnen als sehenswert empfiehlt, noch ein wenig Raum für Dinge am Weg offen bleibt: für ein Café, ein Geschäft, einen lohnenswerten Abstecher. „Man sieht nur, was man weiß", lautete der berühmte Slogan einer Reihe erfolgreicher Reiseführer. „Man sieht nur, wenn man geht", fügen wir hinzu. Lassen Sie sich's gut gehen.

Armin Thurnher

Zu Beginn ein paar Vorschläge

Dies ist ein weiteres Buch zur Wiener Architektur der Jahrhundertwende – aber ein ganz anderes: Auf vier Spaziergängen begleitet es Sie zu den wichtigsten Sehenswürdigkeiten des Fin de Siècle: zur Secession, zu Otto Wagners Stadtbahnstationen, den Bars und Läden des Adolf Loos und zu den Villen Josef Hoffmanns. Das Blättern in Namens- und Adressenregistern, das Suchen auf dem Stadtplan sind mit diesem Büchlein überflüssig geworden, denn Objektauswahl und -reihung, architektur- und kulturgeschichtliche Information und Planausschnitte ergeben zusammen mit Wegbeschreibung, Zusatzinfos und Leitsystem ein kompaktes Vademecum, das auch die unverzichtbaren Abschweifungen von der Hauptsache in Form von Empfehlungen für Ablenkungen aller Art nicht unberücksichtigt lässt.

Mit den vier Routen in diesem Buch können Sie nach Lust und Laune verfahren. Einerseits haben Sie die Möglichkeit, mit der Beschränkung auf die rot hervorgehobenen Objekte Ihren Streifzug auf die absoluten Highlights der Architektur um 1900 zu beschränken. Wenn Sie gerne so viel wie möglich sehen (und dazu lesen) wollen, gehen Sie die gesamte Route ab. Hin und wieder gibt es auch Hinweise auf Gebäude und Institutionen, die nicht unmittelbar mit dem Fin de Siècle zu tun haben, aber Zusatzinformationen zur Stadtgeschichte anbieten. Rote Symbole verweisen zusätzlich auf ein umfangreiches kulturelles und kulinarisches Angebot mit zahlreichen Gelegenheiten zum Flanieren, Ausruhen, Einkaufen, Essen und Trinken. Je nach Verweildauer in Cafés, Bars und Gastgärten lässt sich jedenfalls die erste Route auf eine Dauer von mehreren Tagen ausdehnen. Die Routen sind so konzipiert, dass Sie jederzeit unterbrechen können. Wenn Sie etwa nur wenig Zeit haben, können Sie sich je nach Neigung auf den ersten oder den zweiten Teil der ersten Route beschränken; in beiden Fällen bekommen Sie wichtige Hauptwerke zu sehen, die Ihnen einen ersten Eindruck von der Architektur der Wiener Jahrhundertwende vermitteln.

Kurze Übersichten und Pläne finden Sie am Anfang jeder Route. Anfangs- und Endpunkte der Routen sind leicht und schnell mit öffentlichen Verkehrsmitteln erreichbar. Von der Benützung eines Pkw wird abgeraten, da die Etappen der Routen nahe beieinander liegen und Sie unproportional viel Zeit und Energie für die Suche nach (meist gebührenpflichtigen) Parkplätzen aufwenden müssten. Der erste Bezirk ist über weite Bereiche ohnedies Fußgängerzone. Auch mit dem Fahrrad lassen sich die Routen abfahren; das Wiener Radwegenetz ist gut ausgebaut. Leider ist es nicht möglich, das Innere aller Gebäude zu besichtigen. Mietshäuser haben in Wien für gewöhnlich versperrte Haustore. Öffentliche und halböffentliche Gebäude können – gratis oder gegen ein Entgelt – meist problemlos besucht werden. Sofern ihre Öffnungszeiten von den normalen Geschäftszeiten abweichen, sind sie im Text angeführt. Villen und Wohnhäuser sind in der Regel Privatbesitz und können nur von der Straße aus besichtigt werden.

Wien um 1900: Jugendstil, Secession und die Folgen. Eine kurze Einführung

Der Jugendstil ist eines der großen internationalen Phänomene der Kunst- und Kulturgeschichte. Bis in die Sechzigerjahre des 20. Jahrhunderts wurde diese Epoche als allzu schwärmerisch, wurden ihre Produkte als ornamentverliebt und kitschig abgetan. Erst mit dem Interesse der Postmoderne an den Formen historischer Epochen, im Zusammenhang mit dem sich damals breit machenden Überdruss an der Nachkriegsmoderne und dem spielerischen Umgang der Pop-Art mit surrealistischen und psychedelischen Motiven kam der Jugendstil in ganz Europa wieder in Mode, der Handel mit (damals noch reichlich vorhandenen) Jugendstilantiquitäten boomte, und auch die Wissenschaft setzte sich mit der so kontroversiellen Epoche um 1900 verstärkt auseinander (Carl E. Schorskes „Fin-de-Siècle-Vienna – Politics and Culture" von 1961, Deutsch 1982 und 1994 unter dem Titel „Wien – Geist und Gesellschaft im Fin de Siècle", gehört bis heute zu den grundlegenden Studien). Für die Wiener Kunst um 1900 hatten sich in Zusammenhang mit der Mitteleuropaidee auch zahlreiche italienische Forscher begeistert. In Wien selbst war es die große Ausstellung von 1985, die unter dem Titel „Traum und Wirklichkeit, Wien 1870 bis 1930" dem Jugendstilrevival den Durchbruch auf breiter Basis verschaffte. Die kommerzielle Ausbeutung einschlägiger Produkte von Gustav Klimt und Egon Schiele folgte auf dem Fuße – und verstellt bis heute den Blick auf eine Kunst, deren Vielfalt ein Spiegel der Umbruchsphase vor dem Ersten Weltkrieg ist.

Jugendstil in Deutschland, Secession in Wien, Art nouveau in Frankreich und Belgien, Modern Style im angelsächsischen Raum, Stile Liberty in Italien, Modernisme in Katalonien – all diese Begriffe, die das Neue im Namen tragen, verstanden sich als Absage an die traditionellen Formen, mit denen der Historismus der Gründerzeit die Hauptstädte Europas zu Metropolen des Industriezeitalters umgestaltet hatte. Der Jugendstil sollte eine neue, unverbrauchte, nie gesehene Formensprache sein, der lang ersehnte Neue Stil, der sinnbildlich auch für längst fällige gesellschaftliche Veränderungen stand. Sein ideologischer Hintergrund konnte je nach politischer Situation variieren: Während etwa der katalanische Modernisme der Stil der erstarkten Nationalbewegung war und dem Bürgertum Abwendung vom Zentralstaat und Öffnung nach Europa bedeutete, war die Wiener Secession mit ihrem entrückten Ästhetizismus und dem Rückzug in ein ideales und individuelles Reich der Kunst die Abrechnung der unzufriedenen jungen Generation mit dem nüchternen bürgerlichen Liberalismus der Väter – in einer Zeit, in der nationale Spannungen, neue politische Bewegungen und der Antisemitismus den Vielvölkerstaat Österreich-Ungarn erschütterten.

All die lokalen Spielarten des Jugendstils, über den es bisher kaum länderübergreifende Studien gibt, haben aber einige grundlegende Gemeinsamkeiten. Sowohl traditionelle als auch neue Materialien, wie etwa Eisenbeton, werden um 1900 experimentell und in neuen Zusammenhängen verwendet (ein gutes Beispiel sind Otto Wagners Wiener Stadtbahnstationen am Karlsplatz, mit ihrem Eisenskelett und den eingehängten Steinplatten, oder die gekachelten Fassaden von Wagner und Max Fabiani). Auch Fenster, Türen, Balkons und ähnliche Baudetails werden auf der Basis der neuen technischen Möglichkeiten in neuen, manchmal recht exzentrischen Formen gestaltet.

Der Dekor ist kurvilinear, manchmal asymmetrisch, nimmt oft Vorbilder aus der Natur auf, stilisiert sie zu flächigen Ornamenten oder variiert traditionelle lokale Dekorformen in neuer Weise (so wie Otto Wagner mit seinen flachen, manchmal geschichteten Platten-, Scheiben- und Pfeifenmotiven Vorbilder aus der Wiener Architektur um 1800 mit floralem Dekor kombiniert). Eine zweite, auf englische Anregungen (School of Glasgow) zurückgehende Variante, die in Wien nach der Jahrhundertwende populär wurde, bevorzugt geometrische Motive in vielfältiger Kombination. Auch die Volkskunst und die damals sehr geschätzte Kunst Ostasiens, vor allem Japans, dienten als Anregung.

Aber nicht nur der Dekor, das ganze Gebäude kann plastisch-dreidimensional durchgeformt werden – oder als strenger, von planen Flächen begrenzter Monolith beeindrucken. Oberfläche, Textur, Farb- und Materialvielfalt sind von großer Bedeutung; Oberflächen werden durch den Einsatz verschiedener Putze, farbiger Keramik und Majolika, skulpturaler Elemente, von Wandmalereien und dekorativem Schmiedeeisen gestaltet. Das Handwerk erlebte eine neue Blüte; andererseits erlaubten die modernen Technologien aber auch die serielle Produktion von Bau- und Konstruktionselementen. Es ging also nicht nur um die Schaffung eines neuen Stils, sondern auch um die spannungsreiche Auseinandersetzung zwischen Tradition und Neuaufbruch – nicht nur in der Kunst, sondern in allen Bereichen des Lebens. Und all diese Bereiche versucht der Jugendstil zu erfassen – in einem Gesamtkunstwerk, das nichts weniger als einen neuen Menschen hervorbringen soll. Dementsprechend erstreckt er sich auf alle Bereiche künstlerischer und kunsthandwerklicher Produktion. Seine Anregungen empfängt er in Wien aus dem Netzwerk der intellektuellen Avantgarde: Literatur und Musik, Journalismus und Psychoanalyse sind mit der bildenden Kunst um diese Zeit eng verknüpft. Die Protagonisten kamen aus allen Ländern der Monarchie und machten aus Wien für eine kurze Zeitspanne – bis zum Ersten Weltkrieg und zum Zusammenbruch des Vielvölkerstaats – eine internationale Metropole.

Streng genommen fällt nicht alles, was es auf den vier beschriebenen Wiener Routen zu sehen gibt, unter den Begriff Jugendstil. Vieles geht darüber hinaus, und so mancher, wie etwa Adolf Loos, wandte sich sogar ganz ausdrücklich gegen den herrschenden Zeitgeist. Otto Wagner und seine Schüler, die am Umbau Wiens zur modernen Großstadt maßgeblich beteiligt waren, haben weit über den Jugendstil hinaus wichtige Grundlagen für die internationale Moderne erarbeitet. Am ehesten trifft die Bezeichnung Jugendstil auf die frühe Secession zu, jene Künstlervereinigung, die sich mit dem Austritt einer Gruppe von jungen Künstlern aus dem konservativen Künstlerhaus im Jahr

1897 konstituierte und bis 1905 (Austritt von Gustav Klimt und seinen Freunden) maßgeblich für die progressive Wiener Kunstproduktion war. Die spezifische Wiener Spielart des Jugendstils wurde daher auch nach der Secession benannt. Das Jahr 1905 markiert das Ende der ersten, stärker ornamental ausgerichteten Phase des Wiener Jugendstils.

Ab 1905 kommt es zu einer verstärkten Geometrisierung und Verblockung der Formen und zur Ausbildung jenes spezifisch wienerischen, geometrisch-eleganten und bürgerlichen Stils, der die Arbeiten Josef Hoffmanns und der Wiener Werkstätte kennzeichnen und Kunst und Kunsthandwerk stark beeinflussen sollte. Aber nicht alle Wiener Künstler wollten sich für das secessionistische Gesamtkunstwerk aus Malerei, Plastik, Architektur und Kunstgewerbe begeistern, wie es Josef Hoffmann mit zahlreichen aufwendig ausgestatteten Villen für eine zahlungskräftige Klientel gestaltete. Der gescheite und konfliktfreudige Adolf Loos, Architekt, Entwerfer, Schriftsteller, Lehrer und Kulturkritiker, polemisierte mehrfach und ausführlich gegen den Anspruch der Secession, gleich ganze geschlossene Lebensräume gestalten zu wollen – mit von Künstlern entworfenen, in aufwendiger Einzelanfertigung hergestellten Einrichtungen und Ausstattungen. Er plädierte für eine Rückkehr zur funktionellen Handwerkstradition des Biedermeier und gegen das staatlich geförderte Künstler-Kunstgewerbe und war in seinen Ansichten vom Vorbild des modernen angelsächsischen Lebensstils, den er in den USA und in London kennen gelernt hatte, beeinflusst. Dem Entwurfs- und Materialaufwand der Secessionisten setzte er vielfach bewährte, einfache, praktische und gediegene Gegenstände entgegen. Seine Häuser geraten in ihrer klassisch-funktionellen Reduziertheit manchmal formal in die Nähe der internationalen Moderne.

Auch Otto Wagner wandte sich nach seinen Anfängen in der Secession bald jenen experimentell-funktionalistischen Lösungen zu, die – wie die Stadtbahn, aber auch die Postsparkasse und die städtebaulichen Entwürfe für die unbegrenzte Großstadt – weniger auf secessionistischen Anregungen als auf Wagners eigener künstlerischer Herkunft aus der Tradition Schinkels und Sempers aufbauten. Otto Wagners Schüler schwenkten nach dem Ersten Weltkrieg zum Teil in jene konservative Richtung ein, die – als Heimatkunst und Neoklassizismus – ihre Wurzeln aber ebenfalls in der so schillernden und gegensätzlich geprägten Zeit um 1900 hatte. Andere Architekten der nächsten Generation wurden aus Österreich vertrieben oder hatten das Land schon in den 1920er-Jahren verlassen; diese Schüler von Otto Wagner – wie Ernst Lichtblau und Rudolph M. Schindler –, von Adolf Loos – wie Felix Augenfeld und Richard Neutra – waren es, die Österreichs Bindeglied zur internationalen Moderne werden sollten. Einige Arbeiten von Architekten dieser Generation, die nicht mehr zum Jugendstil gehören, aber um oder kurz nach 1900 entstanden sind, sind ebenfalls im Rahmen der Spaziergänge zu sehen.

LEGENDE

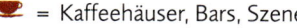

☕ = Kaffeehäuser, Bars, Szenelokale

🍴 = Restaurants, Gasthäuser

🏛 = Kultur

🧺 = Shopping

Vom Wiental ins Zentrum

Ausgangspunkt: U4-Station Pilgramgasse
Endpunkt: wahlweise U4-Station Stadtpark oder U3-Station Rochusgasse
Dauer: ca. 7 Kilometer (mit 3. Bezirk 9,8 Kilometer), je nach Tempo und Aufenthaltsdauer: ca. 2 bzw. 3 Stunden (Abschweifungen nicht eingerechnet)
Die Route: Wiental mit Otto-Wagner-Häusern und Naschmarkt – Secession – Karlsplatz – Burggarten – Michaelerplatz mit Loos-Haus – Kohlmarkt mit Artaria-Haus – Bognergasse – Hohenstaufengasse mit Otto Wagners Länderbank – Hohe Brücke – Hoher Markt mit Anker-Uhr – Zacherlhaus von Plečnik – Loos-Bar – Graben mit Otto Wagners Anker-Haus und Herrenausstatter Knize von Loos – Stephansplatz – Rotenturmstraße – Fleischmarkt – Otto Wagners Postsparkasse – Stadtpark mit Wienflussportal – Erweiterung des Spaziergangs: Ungargasse mit Haus Portois & Fix von Max Fabiani – Karl-Borromäus-Brunnen – Rochusmarkt

Das Stationsgebäude Pilgramgasse mit seinen klaren kubischen Formen, dem sparsamen geometrisch-floralen Ornament und dem dekorativen Glas-Eisen-Vordach gehört zu einer Reihe von Bauten, denen Sie in dieser oder ähnlicher Form in Wien noch oft begegnen werden. Sie gehen allesamt auf einen Entwurf des Architekten Otto Wagner zurück, der sie zusammen mit einem Stab von mehr als siebzig Mitarbeitern zwischen 1895 und 1901 entworfen hat. Die Stadt Wien war in der zweiten Hälfte des 19. Jahrhunderts zu einer internationalen Metropole geworden. Mit zwei großen planmäßigen Stadterweiterungen hatte sie 1850 und 1890 ihrem Anwachsen Rechnung getragen. Ein modernes Massenverkehrsmittel war notwendig geworden, und 1892 beschloss die Stadt Wien den Bau einer Stadtbahn. Gleichzeitig nahm man die Regulierung des Wienflusses in Angriff, jenes Wienerwaldbaches, der der Stadt ihren Namen gegeben hat. Er entspringt westlich von Wien im Wienerwald, fließt an Schönbrunn vorbei und verlief ursprünglich frei über den Karlsplatz, um nordöstlich der Innenstadt in einen Donauarm, den heutigen Donaukanal, zu münden. Als Verkehrsachse war das Wiental

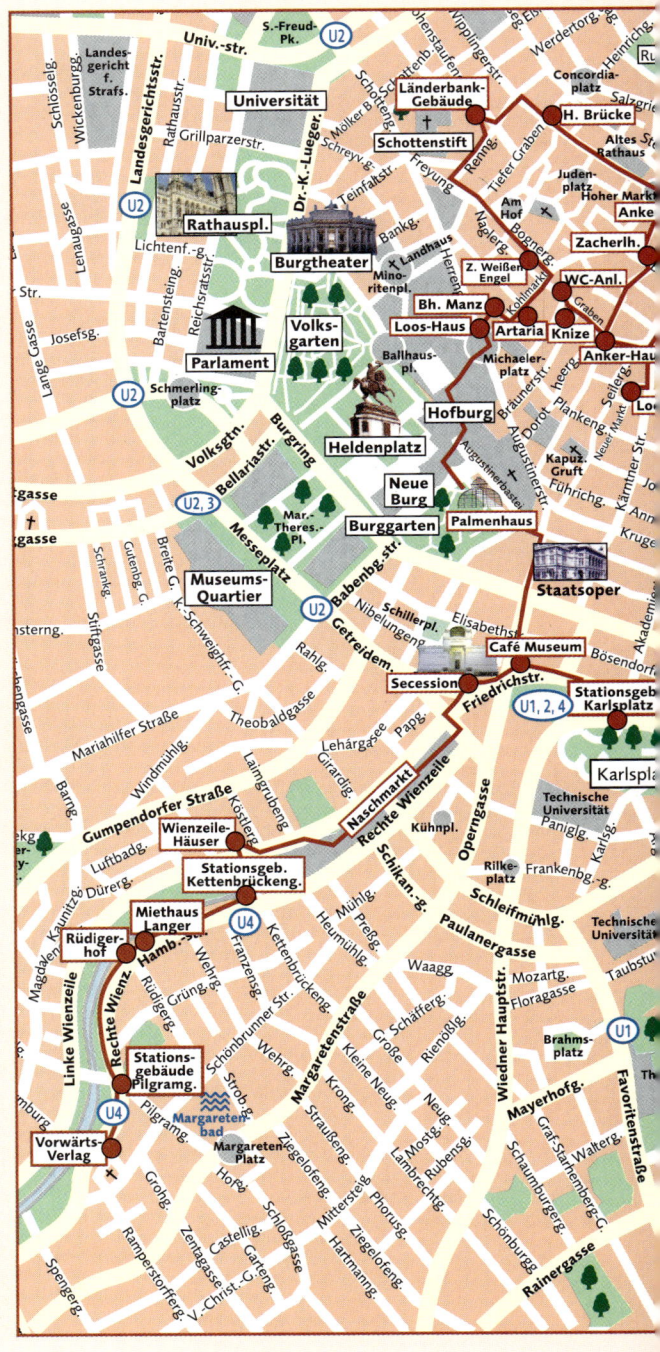

S.-Freud-Pk. U2

Univ.-str.

Landesgerichtsstr.

Wickenburgg.

Schlösselg.

Landesgericht f. Strafs.

Rathausstr.

Grillparzerstr.

Universität

Länderbank-Gebäude

Concordia-platz

Salzgrie

H. Brücke

Altes St. Rathaus

Juden-platz

Schottentift

Schottenstift

Reichsratstr.

Lichtenf.-g.

Rathauspl.

Lenaugasse

Dr.-K.-Lueger.

Teinfaltstr.

Schreyv g.

Möller B Gasse

Freyung

Bankg.

Renng.

Tiefer Graben

Am Hof

Naglerg.

Bognerg.

Hoher Markt

Anke

Burgtheater

Landhaus

Mino-ritenpl.

Z. Weißen Engel

Kohlmarkt

Zacherlh.

WC-Anl.

Bartensteing.

Josefsg.

Str.

Lange Gasse

Parlament

Volks-garten

Bh. Manz

Loos-Haus

Artaria

Knize

Ballhaus-pl.

Michaeler-platz

Bräuner str.

Anker-Hau

Schmerling-platz

U2

Volksgtn.

Burgring

Bellariastr.

Hofburg

Dorot

heerg.

Plankeng.

Seilerg.

Lo

Heldenplatz

Augustinerstr.

Kapuz.-Gruft

Führichg.

Kärnter Str.

Ann

U2, 3

Mar.-Theres.-Pl.

Neue Burg

Burggarten

Palmenhaus

Schrank

Gutenbg. G.

Breite G.

K. Schweighofer-G.

Museums-Quartier

Babenbg.-str.

U2

Getreidem

Staatsoper

Akademie

Stiftgasse

Mariahilfer Straße

Theobaldgasse

Rahlg.

Schillerpl.

Nibelungen

Elisabeths

Café Museum

Bösendorf

nsterng.

hengasse

Windmühlg.

Lehárgasse

Papg.

Girardig.

Friedrichstr.

Secession

Stationsgeb Karlsplatz

U1, 2, 4

Karlspl

Barng.

Gumpendorfer Straße

Köstlerg.

Laimgrubeng.

Naschmarkt

Rechte Wienzeile

Kühnpl.

Operngasse

Technische Universität

Panigl.

Karlsg.

Frankenbg.-g.

Luftbadg.

Wienzeile-Häuser

Stationsgeb. Kettenbrückeng.

Schikan.-g.

Mühlg.

Preßg.

Heumühlg.

Rilke-platz

Schleifmühlg.

Paulanergasse

Technische Universität

Kaunitzg.

Dürerg.

Miethaus Langer

U4

Franzeng.

Kettenbrückeng.

Waagg.

Große Schäfferg.

Rienößlg.

Wiedner Hauptstr.

Mozartg.

Floragasse

Taubstu

U1

Rüdiger-hof

Hamb.

Wehrg.

Grüng.

Rüdigerg.

Schönbrunner Str.

Große Neug.

Kleine Neug.

Straußeng.

Mostg.

Lambrechtg.

Brahms-platz

Mayerhofg.

Favoritenstraße

Rechte Wienz.

Linke Wienzeile

Stations-gebäude Pilgramg.

Pilgramg.

Strob.

Schönbrunner Str.

Margaretenstraße

Krong.

Ziegelofeng.

Mitterstein

Phorusg.

Schönburg

Schaumburger-G.

Graf-Starhemberg-G.

Walterg.

Magdalen

burg

U4

Vorwärts-Verlag

Grohg.

Pilgramg.

Margareten bad

Margareten Platz

Hofg.

Zentagasse

Castellig.

V.-Christ.-G.

Spengerg.

Rampersdorfferg.

Schloßgasse

Garteng.

Mittersteig

Ziegelofeng.

Hartmanng.

Schönbrunng.

Rainergasse

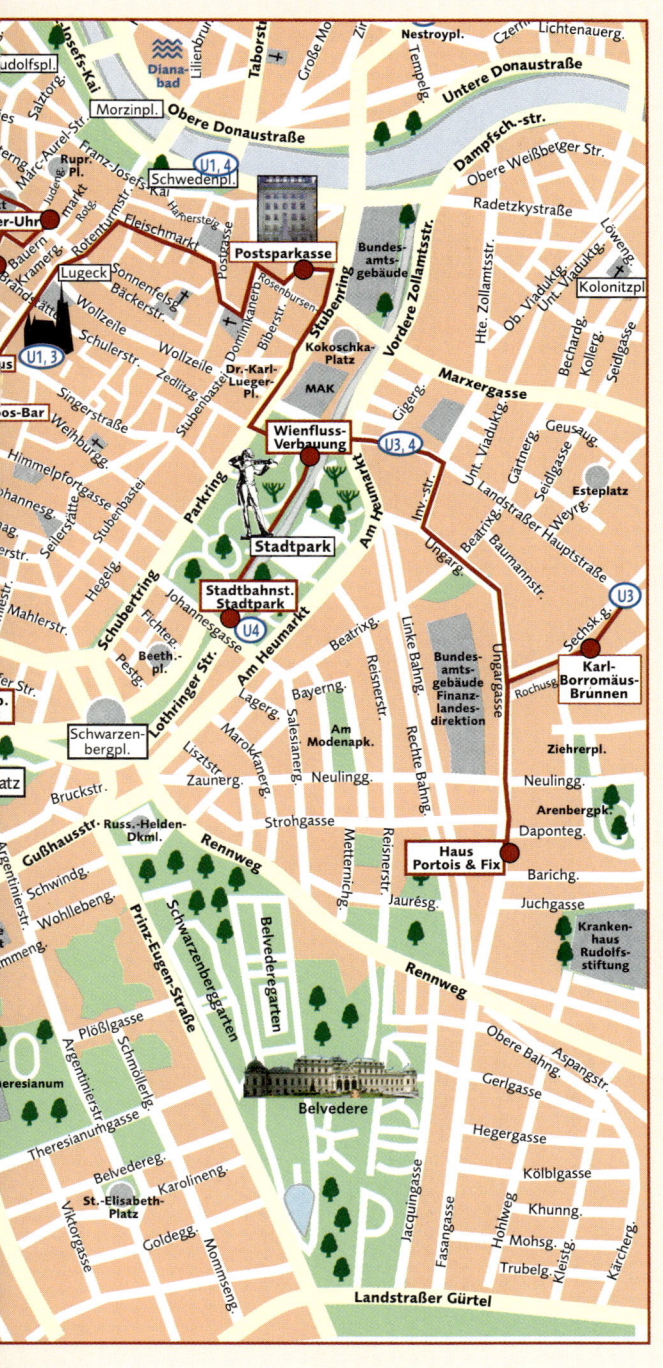

seit jeher von Bedeutung, denn hier verlief und verläuft bis heute die wichtigste Ausfallstraße nach Westen, die zudem den Stadtkern mit dem Kaiserschloss Schönbrunn verbindet. Eine zusätzliche Aufwertung erfuhr das Wiental, als man sich entschloss, anlässlich seiner Regulierung auch eine der neuen Stadtbahnlinien, die heutige U4, in das Flussbett zu verlegen. Die Gegend, ursprünglich von Mühlen und wasserabhängigen Industriebetrieben dominiert, wandelte sich daher gegen Ende des 19. Jahrhunderts zu einem Boulevard – der Wienzeile –, an dem gutbürgerliche Wohnhäuser entstanden.

Otto Wagner, der 1894 den baukünstlerischen Teil der Stadtbahn übernahm, war damals einundfünfzig Jahre alt und ein erfolgreicher und über die Grenzen Österreichs hinaus bekannter Architekt. Er hatte 1893 im Rahmen eines städtebaulichen Wettbewerbs, ausgeschrieben für einen Generalregulierungsplan für Wien, seine Vision von der modernen Großstadt dargestellt. Damals ging man – basierend auf den Erfahrungen der Zeit zwischen 1850 und 1870, als sich die Einwohnerzahl der Stadt verdoppelt hatte – davon aus, dass die explosionsartige Bevölkerungsentwicklung anhalten würde. Wagner umgab daher in seinem Projekt den Stadtkern mit mehreren konzentrischen Verkehrsringen, die durch strahlenförmig vom Stadtzentrum ausgehende Achsen verbunden wurden (nur einer der geplanten Außenringe, die Vorortelinie – heute S 45 –, wurde tatsächlich gebaut). Im Jahr des Baubeginns der Stadtbahn übernahm Otto

Weiße Putzflächen, dekoratives Schmiedeeisen:
Station Pilgramgasse, 1896–98

Die „Brücke über die Zeile", 1895–98 errichtet

Wagner eine Professur für Architektur an der Akademie der bildenden Künste. In den Mittelpunkt seiner berühmten Antrittsrede stellte er das (auf den von ihm verehrten Gottfried Semper zurückgehende) Motto, das seine eigene Arbeit und die seiner Schüler prägen sollte: „Artis sola domina necessitas" (in Wagners eigener Übersetzung: „Die Kunst kennt nur einen Herrn – das Bedürfnis"). Die Gebäude der Stadtbahn sind daher in erster Linie „Hilfskonstruktionen für Bewegungsströme" (O.A. Graf). Die Verkehrswege als wichtigste Adern im Großstadtkörper, durch die das Leben in Form von Menschen in Bewegung zirkuliert – Otto Wagners Vorstellung, radikal funktionalistisch und zukunftsorientiert, wurde mit der Stadtbahn nur zu einem kleinen Teil verwirklicht.

Eines der großartigsten Bauwerke der Stadtbahn ist die so genannte ▶ „Brücke über die Zeile", die zur Überführung der Gürtellinie (heute U6) über das Wiental mit der U4 errichtet wurde (am besten zu sehen von der U4-Station Margaretengürtel).

Wagners Projektleiter war Joseph Maria Olbrich, der spätere Erbauer der Secession (▶ Seite 31).

Otto Wagners Stadtbahn bestand aus vier Linien, die etwa vierzig Bahnkilometer umfassten. Drei davon bestehen bis heute als Teil des U-Bahn-Netzes. Da das Gelände Wiens recht hügelig ist, mussten einzelne Abschnitte als (offene oder gedeckte) Tiefbahn geführt werden, wie hier im Wiental (Linie U4, Abschnitt Karlsplatz bis Hütteldorf-Hacking), andere als Hochbahn auf Viadukten (U6 – ehemalige Gürtellinie – Abschnitt Meidling-

Hauptstraße bis Heiligenstadt). Die Formen der Stationstypen richten sich nach diesen Voraussetzungen; nur die Stationsbauten am Karlsplatz (►Seite 38) und der Hofpavillon bei Schloss Schönbrunn (►Seite 72) sind Sondertypen. Die Wientalstationen bestehen aus annähernd quadratischen, über dem Gleiskörper gelegenen Schalterhallen auf sichtbar belassenen Eisenträgern, die als Verteilerräume zu den Bahnsteigen fungieren, und den gedeckten Stiegenabgängen zu den Bahnsteigen. Die Formen der Stationsbauten machen die funktionelle Organisation der Gebäude nach außen hin sichtbar. Darüber hinaus sorgen sie mit ihrer einheitlichen, aber nicht durchwegs gleichen Gestaltung – große, glatte Flächen, unverwechselbarer Dekor aus Platten, Tropfen-, Pfeifen- und stilisierten Pflanzenformen und charakteristische Vordächer mit Glas und Eisen – für einen hohen Wiedererkennungswert. Die Stadtbahnbauten werden somit im städtischen Kontext leicht auffindbar – der Stadt wird ein modernes Leitsystem eingeschrieben.

Von den Wientalstationen, zu denen die Station Pilgramgasse gehört, sind nur zwei nahezu unverändert erhalten (Schönbrunn und Stadtpark, ► Seite 66). Die modernen Umbauten in den Stationen der Linie U4 wurden im Rahmen des Ausbaus des U-Bahn-Netzes ab 1971 vorgenommen. Die ARGE U-Bahn (Wilhelm Holzbauer/Heinz Marschalek/Georg Ladstätter/Norbert Gantar) entwickelte für die erste, 1982 abgeschlossene, Ausbauphase ein modulares Paneelsystem mit Einbauelementen und einem Farbleitsystem (U4: grün).

Der ehemalige Vorwärts-Verlag mit den Figuren von Anton Hanak

Wenige Schritte stadtauswärts liegt ein Gebäude mit auffallendem Treppengiebel, der ehemalige Sitz des Vorwärts-Verlags und der Sozialdemokratischen Partei Österreichs (Rechte Wienzeile 97). Es beherbergt das ▶ Bruno Kreisky Archiv (Tel. 545 75 35-0) und den ▶ Verein für die Geschichte der Arbeiterbewegung (Tel. 545 78 70). – Die beiden in Mähren geborenen Otto-Wagner-Schüler Franz und Hubert Gessner schufen in den Jahren 1907 (damals zogen die Sozialdemokraten als stärkste Partei in den Reichsrat ein) bis 1909 eines der symbolträchtigsten Gebäude der österreichischen Sozialdemokratie, das auch als Sitz der Gewerkschaft und als Redaktions- und Druckereigebäude der *Arbeiterzeitung* diente.

Dachkrone am
Vorwärts-Gebäude

Das Vorderhaus ging aus dem Umbau eines älteren Vorgängerbaus hervor, während die Druckerei als (damals sehr fortschrittlicher) Eisenbetonbau neu errichtet wurde. Vom ursprünglichen Bau sind die markante Fassade und Teile der Innenausstattung erhalten, darunter das Foyer und die Bibliothek (ehemals Sitzungssaal der Parteileitung). Die viergeschoßige Fassade war ursprünglich durch einen Putzraster stärker gegliedert. Sie setzt mit ihrer starken Kopflastigkeit einen unverwechselbaren Akzent in der Gebäudezeile: Das oberste Geschoß, höher dimensioniert und anders rhythmisiert als die darunter gelegenen, wird von großen, kleinteilig versprossten Erkerfenstern, so genannten Bay-Windows, durchbrochen. Diese Art von Fenstern wird von den Wagner-Schülern gerne als prominentes Gliederungselement eingesetzt (vgl. Artaria-Haus, ▶ Seite 45). Über den Bay-Windows liegen ein weit vorkragendes Gesims und ein hoher Treppengiebel, der allein durch seine auffällige Silhouette unverwechselbar wirkt und von einem dekorativen Söller aus Metall bekrönt wird. Die Uhr im Giebelfeld sollte signalisieren, dass „die Menschen nimmer rasten dürfen, wollen sie (…) der Menschheit dienen". Die beiden Figuren (Arbeiter und Arbeiterin von Anton Hanak, 1910) über den Baukanten bringen einen zusätzlichen, zeittypisch-pathetischen Akzent.

Die Architekten Franz und Hubert Gessner waren der Sozialdemokratie eng verbunden. Sie haben an der Fassade des Vorwärts-Gebäudes zahlreiche Motive anklingen lassen, die sie ab 1919 im sozialen Wohnbau des Roten Wien weiterentwickeln sollten.

Auf der gegenüberliegenden Seite des Wienflusses kann man sich im ► Café Willendorf der Rosa Lila Villa, dem Schwulen- und Lesbenzentrum, laben (Linke Wienzeile 102, Tel. 587 17 89, täglich 18 bis 2 Uhr; Garten). Der Stadtteil nördlich davon heißt Magdalenengrund. Er war bis zum Ende des 19. Jahrhunderts wegen seiner kleinteiligen, abgewohnten Verbauung und den dort herrschenden schlechten Wohnverhältnissen als „Ratzenstadl" („Ratz" = Wienerisch für „Ratte") bekannt und wurde anlässlich der Wienflussregulierung um 1900 völlig neu überbaut. Etwas weiter stadteinwärts befindet sich hinter einer lang gestreckten Grünanlage am Wienfluss ein auffallendes, hoch aufragendes Gebäude, der Rüdigerhof (Hamburgerstraße 20). Das Grundstück liegt am Ende eines schmalen Streifens zwischen Wiental und Westeinfahrt und hat daher die Form eines schmalen Dreiecks, dessen Spitze nach Westen gerichtet ist. Da die Gebäudekante aber abgeflacht gestaltet ist, entsteht der Eindruck eines Turms, der hier einen ganz besonderen Akzent setzt – so, als würde man hier eine städtebauliche Schwelle passieren (was aber tatsächlich nicht der Fall ist). – Das Wohnhaus ent-

stand 1902 nach Entwurf des Architekten Oskar Marmorek, der ein Schüler Otto Wagners war. Er hat das sechs- bzw. siebengeschoßige Gebäude mit den drei Fassaden als stark plastischen Solitär aufgefasst – untypisch für die Wiener Archi-

Der prachtvolle Rüdigerhof beherbergt ein Café

tektur der Jahrhundertwende, die lieber in flächigen Einheiten denkt. Das Äußere wird durch sehr flache, zum Teil farbige Dekorationen instrumentiert, die immer dem Block verhaftet bleiben und sich ihm unterordnen. Dabei sind sie besonders einfallsreich gestaltet, zum Beispiel, was die zahlreichen Verputzvarianten betrifft; der feine Wellenputz in der Sockelzone spielt vielleicht auf die Nähe zum Fluss an. Der Dekor teilt das Gebäude in drei horizontale Zonen. Diese Teilung, die noch ein Reflex des traditionellen Fassadenaufbaus ist, findet allerdings im Gebäudeinneren keine Entsprechung, denn dort haben alle Wohngeschoße denselben Grundriss. Die Lage des Stiegenhauses ist am Außenbau durch die versetzt angeordneten Fenster an der Fassade Hamburgerstraße angezeigt. Die Fassade zum Wienfluss wurde anlässlich der letzten Restaurierung des Hauses rekonstruiert. Der weit vorkragende, schirmartige Dachüberstand ist ein Motiv, das unter anderem mit der damals aktuellen Beschäftigung mit fernöstlicher Architektur zusammenhängt und nicht nur in Wien um 1900 gerne verwendet wurde (vgl. beispielsweise die zeitgleichen Arbeiten von Frank Lloyd Wright). Er verhilft dem Gebäude nicht nur zu einer charakteristischen Silhouette, er bietet auch Platz für Dekorationen, die vom Straßenniveau aus sichtbar sind.

Eine Achse von der Fassade des Rüdigerhofs

An der Schmalseite ist dem Bau eine erhöhte Terrasse vorgelagert, die als Zugang zum Café fungiert, der halbrunde Pavillon dient als Lesesaal. Der Besuch des ► Café Rüdigerhof (Tel. 586 31 88, täglich 10 bis 2 Uhr; Schach, Backgammon, TV; Garten über der Stelle, an der die U-Bahn in der Wienflussüberbauung verschwindet) wird schon deshalb dringend empfohlen, weil seine ursprüngliche Ausstattung aus der Erbauungszeit größtenteils erhalten geblieben ist. Zu den damaligen Besuchern zählten auch die Funktionäre der nahe gelegenen Parteizentrale der Sozialdemokratischen Partei.

Architekt Oskar Marmorek war begeisterter und engagierter Zionist und Freund und Weggefährte von Theodor Herzl. Die Figur des Architekten Steineck in Herzls Roman „Altneuland" soll von Marmorek inspiriert worden sein.

Gleich um die Ecke, in der Steggasse 1, liegt das in mehrfacher Hinsicht interessante Miethaus Langer, das 1901/02 von einem der bedeutendsten Schüler und Mitarbeiter Otto Wagners entworfen wurde. Jože Plečnik, aus Ljubljana/Laibach gebürtig, konzipierte für das leicht ansteigende Grundstück ein Haus aus zwei höhenversetzten, gegeneinander verschwenkten sechsgeschoßigen Blöcken (die Zweiteilung wird im Inneren durch die annähernd symmetrische Raumaufteilung angedeutet, es gibt aber nur ein Treppenhaus), deren Form stark von einem rasterartigen Rhythmus von Wand und Öffnung bestimmt wird. Die übereck geführten Balkons fungieren als Klammern, die die beiden Blöcke zusammenschließen (die Eckbalkons sollten viel später ein Lieblingsmotiv der klassischen Moderne werden). Die vorderste Ebene der Fassaden bilden die bis nach oben hin durchgehenden Vertikalelemente zwischen den Fenstern, die den Höhenzug der beiden Blöcke unterstreichen. Alle Geschoße sind gleich hoch; die Fassade variiert jene des Hosenträgerhauses (Wien 1, Universitätsstraße 12) von 1888, mit dem Otto Wagner der Gestaltung nach dem klassischen Palastschema eine Absage erteilt hatte. (Im 19. Jahrhundert wurden die Fassaden der Mietshäuser nach dem Vorbild historischer Paläste meist in drei Zonen – Sockel, Beletage, Obergeschoße – geteilt. Die Beletage war am bequemsten erreichbar und enthielt die schönsten und teuersten Wohnungen; hier logierte meist auch der Hausherr. Nach außen hin war diese Zone durch die reichste Gliederung ausgewiesen. Weiter oben lagen kleinere und billi-

Fast ein Hochhaus: das Miethaus Langer von 1901

gere Wohnungen. Mit der Erfindung des Personenaufzugs fiel das beschwerliche Treppensteigen in die oberen Etagen weg, alle Geschoße wurden gleich gut vermietbar. Daher war auch eine Darstellung der alten Hierarchie der Stockwerke an der Fassade nicht mehr sinnvoll.)

Der Raster von Plečniks Blöcken ließe sich nach oben hin beliebig fortsetzen, würde er nicht durch das Kranzgesims gebremst. Die beiden Turmblöcke wirken daher wie potenzielle Hochhäuser, und tatsächlich haben Otto Wagners Studenten mit solchen vom Konstruktiven bestimmten Strukturen experimentiert (ein richtiges Hochhaus wurde in Wien allerdings erst Anfang der 1930er-Jahre errichtet). Das Haus in der Steggasse beweist, wie stark Otto Wagners Schüler von dessen Grundsatz von „Bedürfnis, Zweck, Konstruktion und Schönheitssinn" als Grundlagen der modernen Architektur durchdrungen waren – und wie weit er sich sowohl vom Stilpluralismus der Gründerzeit als auch von der Secession entfernt hatte. Plečnik, eine der schillerndsten Figuren der Wagnerschule, Slowene, Katholik, „gleichzeitig revolutionär und reaktionär" (M. Pozzetto), ging später nach Prag, um dort für Präsident Masaryk an der Schaffung eines slawischen Nationalstils zu arbeiten und lehrte in seiner Heimatstadt Laibach, die er auch mit seinen Gebäuden stark geprägt hat. Zwei seiner frühen Arbeiten, das Zacherlhaus (▶ Seite 52) und die Heiliggeistkirche (▶ Seite 95), gehören zu den Spitzenleistungen der europäischen Architektur der Jahrhundertwende.

Auf der Wienflussüberdeckung, die wochentags als Parkplatz dient, wird jeden Samstag von 6.30 bis 18 Uhr der ▶ Flohmarkt abgehalten.

An der Linken Wienzeile 48–52 liegt ein weiteres Gebäude von Franz und Hubert Gessner, das 1910 bis 1912 für eine Unfallversicherungsanstalt erbaut wurde. Mit seiner monumental ausgebildeten, abgerundeten Ecke, den aufwendigen Fassaden und der Ausstattung (Skulpturen von Anton Hanak, Buntglasfenster von Leopold Forstner) erinnert es daran, dass die Wienzeile um 1900 durch die Wienflussregulierung und die Erbauung der Stadtbahn so sehr aufgewertet worden war, dass man sie als repräsentativen Boulevard bis nach Schönbrunn führen wollte. Vor allem die Linke Wienzeile bietet ab hier in Richtung stadteinwärts eine Art architektonische Leistungsschau der Jahrhundertwende.

In einer Seitengasse (Joanelligasse) gibt es auf Nr. 3 das empfehlenswerte asiatische Restaurant ▶ Kiang Noodles, das mit ungewöhnlichen Nudelspezialitäten und einer nicht ganz alltäglichen Einrichtung aufwartet (Tel. 586 87 96, Mo bis Sa 18 bis 24 Uhr).

Eine typische Tiefbahnstation der Wientallinie: Kettenbrückengasse, 1896–98

Dekorative Details im Inneren des Stationsgebäudes
Kettenbrückengasse

Das Stationsgebäude Kettenbrückengasse entspricht demselben Typus wie die Station Pilgramgasse (►Seite 13).
Ganz in der Nähe, in der Kettenbrückengasse 6, befindet sich
das ► Sterbehaus Franz Schuberts (Di bis So 13.30 bis 16.30
Uhr). Die Wohnung von Schuberts Bruder mit dem Sterbezim-
mer des Komponisten wurde, wie auch die weiteren Wiener
Musikergedenkstätten, ab 1992 von der Architektin Elsa Prochazka auf sehenswerte Weise ebenso poetisch wie unsenti-
mental eingerichtet.

Der Station gegenüber liegt das ► Marktamt des Naschmarkts
(►Seite 29). Es wurde 1915/16 nach Entwurf von Friedrich
Jaeckel errichtet. Im Giebelfeld der Vorderfront ist ein Relief von
Franz Barwig angebracht.

An der Linken Wienzeile (Nr. 40, Nr. 38 = Köstlergasse 1 und um
die Ecke in der Köstlergasse 3) liegt eine Gebäudegruppe, die
für die Wiener Architektur der Jahrhundertwende bereits Symbolwert erlangt hat: Die 1898/99 errichteten Wienzeile-Häuser,
bei denen Otto Wagner als Architekt, Bauherr und Unternehmer in einer Person auftrat. Wagner, ganz großbürgerlich-libera-
ler Unternehmer, pflegte seine Eigenhäuser immer wieder ge-
winnbringend zu verkaufen (in seinem letzten Haus in der Döb-
lergasse 2–4 im 7. Bezirk wurde 1985 in seiner zum Teil noch original erhaltenen Wohnung ein ► Otto-Wagner-Archiv eingerichtet). – An der Wienzeile, auf einem Eckgrundstück am zu-
künftigen Boulevard, beschäftigte Wagner auch seine Studen-

Otto Wagners berühmte Wienzeile-Häuser von 1898/99

ten als Entwerfer. Diese pflegten im ersten Studienjahr ein „Mietobjekt gewöhnlichster Sorte" auszuarbeiten, um in „Konstruktion und Wahrnehmung der Bedürfnisse sattelfest" zu werden. Schon von weitem wirken die Häuser durch ihre außergewöhnlichen, prachtvollen und in Material und Farbigkeit von den Putzfronten der Nachbarhäuser abstechenden Fassaden. Als Flächen in die Straßenfront gespannt und im Vergleich zu ihren Nachbarn fast ohne Relief, sind sie miteinander durch zwei verschränkte Gliederungssysteme verbunden: den gleich bleibenden Rhythmus der Fensteröffnungen und das fließende bzw. hängende Ornament, das sich an beiden Fassaden entgegen den Gepflogenheiten des 19. Jahrhunderts nach oben hin verdichtet und dadurch wie von den ausladenden Kranzgesimsen abgehängt erscheint.

Diese Neuinterpretation von Fassade ist ein wichtiges Merkmal dieser Häuser; sie weist in ihrer Symbolfunktion als tafelförmiges oder quasitextiles Element (der Blumendekor am „Majolikahaus", aber auch die Hängeappliken im Golddekor des Nebenhauses verstärken diesen Eindruck) schon auf die nicht tragenden Vorhangfassaden der Moderne voraus. Ein anderes Merkmal besteht in der Wahl der radikal neuen Materialien: Für die glasierten Platten sprach neben ihrer Resistenz gegen die städtische Umweltverschmutzung (die Hygiene bildete einen wichtigen Bestandteil von Wagners Vorstellung von Modernität) auch die Möglichkeit ihrer farbigen Gestaltung. Die Bedeutung der Farbe in der Architektur war eines der zentralen Themen in der

Architekturdebatte des Historismus gewesen. Otto Wagner hatte wohl schon als junger Mann, als er in Berlin bei einem Assistenten von Karl Friedrich Schinkel und in Wien bei August Siccard von Siccardsburg und Eduard van der Nüll studierte, für die Farbe am Bau Partei ergriffen.

Die Art des Dekors steht der erst 1897 gegründeten Secession (► Seite 31) nahe, einer Künstlergruppe, die sich gegen die als überholt empfundenen Formen des Historismus mit der Schaffung eines neuen, von westeuropäischen Einflüssen geprägten Formenkanons zur Wehr setzte. Die Begriffe „Secession" und „secessionistisch" stehen für die Wiener Variante des damals ganz Europa erfassenden Jugendstils, der in Frankreich und Belgien Art nouveau hieß, in Italien Stile Liberty und in Katalonien Modernisme. – In die Wienzeile-Häuser floss das Ornament der Secession über Wagners Studenten und Mitarbeiter ein, die am Entwurf beteiligt waren (Gustav Rossmann, Alois Ludwig, Joseph Maria Olbrich, Jože Plečnik) und die Arbeit der Secession mittrugen.

Die Reliefs am Haus Nr. 38 entwarf Kolo Moser

Das „Majolikahaus" hat zwei schmale seitliche Fensterbahnen, die etwas zurückversetzt sind, dunkel verfliest wurden und unterhalb des Hauptgesimses enden. Dadurch setzen sie die eigentliche, hell beleuchtete Mittelfläche der Fassade deutlich von den angrenzenden Häusern ab und steigern sie in ihrer Wirkung. Die Fassadenver-

Floraler Dekor am „Majolikahaus"

kleidung mit dem großflächigen Blumenornament wurde von Alois Ludwig entworfen und nach einer Werkzeichnung im Maßstab 1 : 1 von der Firma Wienerberger, einem alteingesessenen, bis heute bestehenden Ziegel- und Tonwarenerzeuger, angefertigt. – Beide Häuser werden in den unteren Geschoßen durch vorgelegte Glas-Eisen-Konstruktionen zusammengefasst, die die Geschäfts- und Bürozone markieren. Die Kante des Hauses Ecke Köstlergasse ist besonders dekorativ gestaltet. Sie fungiert als abgerundetes Gelenk zwischen den beiden Fassadenwänden und endet in einem prächtigen, durchbrochenen Pavillon. Die beiden angrenzenden Fassaden werden als eigenständige Flächen definiert, und zwar durch die pfeilerartig ausgebildeten Kanten mit ihren bekrönenden Figuren („Ruferinnen" von Othmar Schimkowitz). Die Kanten sind durch eine zurückschwingende Mauer verbunden, die hinter dem Eckpavillon aufsteigt. Solche weithin sichtbaren, charakteristischen Gebäudesilhouetten waren Otto Wagner ein wichtiges Anliegen. Der aufwendigen Ecklösung entspricht im Inneren eine diagonale, von der Baukante ausgehende Achse, an deren hofseitigem Ende das ovale Treppenhaus liegt. Der halböffentliche Bereich ist in beiden Häusern sehr sorgfältig gestaltet, die Treppen sind so bequem konstruiert, dass man auf ihnen auf- bzw. abwärts zu schweben meint.

Die vergoldeten Reliefmedaillons an der Fassade wurden von Koloman Moser, das Tor Köstlergasse 1 wurde von Jože Plečnik entworfen.

Die Wienzeile-Häuser gehören zu Otto Wagners Hauptwerken. Sie bewegen sich in einem starken Spannungsfeld von Modernität und Tradition. Die Fassadenlösungen waren bahnbrechend, der Binnengrundriss blieb gründerzeitlichen Vorbildern verpflichtet.

Das Haus Linke Wienzeile 42 entstand nur ein Jahr davor und ist ein gutes Beispiel für jene Stilarchitektur, gegen die Otto Wagner ankämpfte. Trotz der Umbrüche um 1900 hielt sich der Historismus bis zum Ersten Weltkrieg, nahm aber durchaus Anregungen von Secession und Wagner-Schule auf.

Etwas weiter stadteinwärts, auf Nr. 36, kann man sich im plüschigen ▶ Café Savoy stärken (Tel. 586 73 48, Mo bis Fr 17 bis 2, Sa 9 bis 2, Fei 20 bis 2 Uhr, So geschl.; Garten).

Eine der „Ruferinnen" von Othmar Schimkowitz, Linke Wienzeile 38

Unmittelbar vor den Otto-Wagner-Häusern liegt der Naschmarkt
(Mo bis Fr 6 bis 18.30, Sa 6 bis 17 Uhr; neben dem – stark orien-
talisch bestimmten – Markt existiert seit einigen Jahren eine viel-
fältige Gastronomieszene, Mo bis Sa 6 bis 22 Uhr). Der Markt besteht bereits seit 1774. Nach Fertigstellung der Wienflusseinwöl-
bung wurde er 1916 von seinem alten Standort am Rand des
Karlsplatzes hierher verlegt. Nach einem Entwurf des Stadtbau-
amtes entstanden zwei bzw. drei parallele Zeilen von Marktständen, sodass sich zwei Marktstraßen ergaben, die in den reprä-
sentativeren Bereichen von frei stehenden Kopfpavillons abgeschlossen werden. Die originale Bausubstanz ist zum Teil erhalten geblieben; sie umfasst neben Marktständen auch die ent-
sprechende Infrastruktur mit Wasserstellen und WC-Anlagen sowie auf der Höhe von Linke Wienzeile 14 ein Gasthaus, das die
alte Bezeichnung der Zeit des Ersten Weltkriegs – ► „Zur Eiser-
nen Zeit"– im Namen trägt (Tel. 587 03 31, Mo bis Sa 9 bis 22 Uhr;
Garten). Am Anfang des zweiten Abschnitts wurde die barocke
Kapelle zur hl. Rosalia eingebaut. Sie stammt aus dem einst nahe
gelegenen Starhembergschen Freihaus, einem großen Zinshaus-
komplex, der heute nicht mehr besteht und wegen seiner besonderen grundrechtlichen Stellung, die seine Bewohner aus der
städtischen Gerichtsbarkeit ausnahm, „Freihaus" hieß.
Immerhin hat sich diese Bezeichnung am alten Standort erhalten, denn entlang der Schleifmühlgasse entstand mit dem Zuzug
von Lokalen, Galerien und Geschäften ein sehr lebendiges und
vielfältiges Viertel, das die inoffizielle Bezeichnung „Freihaus-
Viertel" trägt. Empfehlenswert: ► Acht ein Halb, Nr. 20 (Tel. 585
63 23, Mo bis Fr 10 bis 24, Sa 12 bis 24 Uhr), gegenüber das ►
Café Anzengruber, Nr. 19, Tel. 587 82 97, Mo bis Sa 11 bis 2
Uhr; Billard, Schach, TV, Garten; auf Nr. 17 ► Babette's, der
phänomenale Kochbuchladen mit Testküche (www.babettes
.at). Köstliche Chinaküche gibt es im ► Shanghai (Margaretenstraße 11, Tel. 587 13 10, Mo bis Sa, Fei 11.30 bis 14.30 und 18
bis 23.30 Uhr). Eine der besten Videotheken der Stadt, ► Alpha-
ville (Spezialität: Videos in Orginalfassung; Mo bis Sa 10 bis 22,
So 14 bis 19 Uhr), liegt auf Nr. 5 in einem von zwei sehr eleganten Häusern, die Ernst Epstein 1910/11 entworfen hat. Zeitge-
nössische Kunst gibt es auf Nr. 5 in der ► Galerie Georg Kargl
und in den Galerien ► Kerstin Engholm (Nr. 3) und ► Christine
König (Nr. 1a). Gegenüber, auf Nr. 4, gibt es Mode bei ► Jutta

Das Marktamt des Naschmarkts und die Otto-Wagner-Häuser

Pregenzer und prachtvolle Blumensträuße bei ▶ Blumenkraft *(www.blumenkraft.at)*.

Aber auch auf der anderen Seite der Wienzeile hat der Naschmarkt belebend auf das Entstehen zahlreicher Lokale und Cafés eingewirkt. Hier empfiehlt sich vor allem ein Besuch im ▶ Café Drechsler (Linke Wienzeile 22, Tel. 587 85 80, Mo bis Fr 3 bis 20, Sa 3 bis 18 Uhr; Billard; Garten), das wegen seiner Öffnungszeiten nicht nur von Marktfahrern, sondern auch von Nachtschwärmern gerne aufgesucht wird.

Auf Linke Wienzeile 6 liegt das ▶ Theater an der Wien, das im Jahr 1800 im Auftrag von Emanuel Schikaneder, dem Librettisten von Mozarts „Zauberflöte", erbaut und in der Folge mehrfach erweitert wurde. Die alte Fassade mit dem Papagenotor kann um die Ecke (Millöckergasse 1) besichtigt werden. – Unweit von hier befindet sich in der Lehárgasse 9–11 ein Werk des Wagner-Schülers Max Fabiani von 1911/12. Das schwer zu bebauende omegaförmige Grundstück hat einen tiefen Innenhof, der durch einen kleinen Pavillon von der Straße getrennt wird. Fabiani, modischen Eskapaden immer eher abgeneigt, hat einen strengen Neobarockstil verwendet und das Gebäude auf komplizierte Weise zu dem gegenüberliegenden ▶ Hofkulissendepot von Gottfried Semper (Lehárgasse 6–8, 1873; schöner Innenhof) in Beziehung gesetzt. Heute sind hier Ateliers der Akademie der bildenden Künste untergebracht. Im sehenswerten Innenhof finden in unregelmäßiger Folge Veranstaltungen statt.

Hinter dem Kulissendepot gibt es ein weiteres schönes Café, das ▶ Sperl (Gumpendorfer Straße 11, Tel. 586 41 58, Mo bis Sa 7 bis 23, So, Fei 11 bis 20 Uhr; Garten, Billard), in dem sich be-

reits um 1900 zahlreiche Künstler trafen. An der Ecke Millöcker-
gasse/Linke Wienzeile 4 kann man bei ▶ Piccini, dem ältesten
italienischen Feinkostgeschäft Wiens, einkaufen. Die Laden-
front aus weißen Glastafeln wurde 1934 von Otto Prutscher entworfen. Daneben gibt es seit 1996 auch eine kleine Imbissbar
(▶ Piccini Piccolo Gourmet, Tel. 587 52 54, Mo bis Fr 11 bis
19.30, Sa 9 bis 14 Uhr, August geschlossen; Garten). Ganz am
Anfang der Linken Wienzeile (Nr. 2/Getreidemarkt 1) schenkt
der gut sortierte Weinladen ▶ Wein & Co (Filialen in ganz Wien;
hier Mo bis Fr 10 bis 24, Sa 9 bis 24, So 11 bis 24 Uhr, Tel. 585 72
57) seine Weine an der Bar aus.

Blendend weiß, fast fensterlos und von einer extravaganten goldenen Laubkrone überhöht, liegt am Rand des Karlsplatzes
(Friedrichstraße 12) die Secession, das Vereins- und Ausstellungsgebäude der gleichnamigen Künstlervereinigung, deren Tä-
tigkeit um die Jahrhundertwende für die Wiener Kunst- und Ar-
chitekturproduktion und darüber hinaus für das intellektuelle und
künstlerische Klima Wiens von essenzieller Bedeutung war (Tel.
587 53 01, www.secession.at, Di bis So 10 bis 18, Do 10 bis 20
Uhr). Im Jahr 1897 trat eine Gruppe fortschrittlicher junger Künstler, darunter Gustav Klimt, Josef Hoffmann, Joseph Maria Olbrich
und Kolo Moser, aus dem konservativen Künstlerhaus (bis heute
am Karlsplatz 5, in Sichtweite von der Secession) aus und gründete die „Vereinigung Bildender Künstler Österreichs Secession".
Die Bezeichnung „Secession" spielt auf die römische *secessio*

„Der Zeit ihre Kunst,
der Kunst ihre Frei-
heit": die Secession,
ein Symbol des
künstlerischen Auf-
bruchs um 1900

plebis an, eine Art Aufstand und Rückzug der Plebejer in Zeiten der Missherrschaft. Die Secessionisten wollten eine zeitgemäße, radikal neue Kunst. Die Formenvielfalt des Historismus, der historische Stile zitiert und variiert hatte, sollte durch einen neuen Stil ersetzt werden, der der neuen Zeit entsprach. „Der Zeit ihre Kunst, der Kunst ihre Freiheit", lautet daher das Motto über dem Eingang des Secessionsgebäudes. Anlass für die secessionistische Rebellion war der Zusammenbruch der alten Ordnung, denn die Fassade gründerzeitlicher Liberalität, Expansion und Fortschrittsgläubigkeit war ins Wanken geraten. Das optimistische Weltbild der Ringstraßenerbauer wurde von neuen, zum Teil stark radikalisierten politischen Gruppierungen, darunter Nationalisten und Antisemiten, außer Kraft gesetzt, und 1896 gelangte der christlichsoziale Rechtspopulist Karl Lueger auf den Bürgermeistersessel. Die Kunst reagierte auf die neue Unsicherheit mit einem verstärkten Zug zur Empfindsamkeit, zu Schönheitskult und Poesie, um der problematischen gesellschaftlichen und politischen Realität zu entkommen. Die tragenden Kräfte der Secession stammten meist selbst aus gut situierten, bürgerlichen Kreisen und konnten sich ihren pessimistischen Aufstand gegen die fortschrittsgläubige Vätergeneration leisten. Der Rückzug der Kunst aus der Lebenswelt wurde von den aufmerksameren Zeitgenossen bald scharf kritisiert. Karl Kraus, der Herausgeber der Zeitschrift *Die Fackel*, war der berühmteste dieser Kritiker.

„Ver Sacrum" steht an der Fassade der Secession zu lesen, und als heiligen Frühling, als Neuanfang, sahen ihre Gründer die neue Bewegung in der Kunst. „Ver Sacrum" war die Bezeichnung eines antiken Rituals, in dem eine Generation von im heiligen Frühling geborenen Jungen auszieht, um aus eigener Kraft ein neues Gemeinwesen zu gründen.

Das Gebäude der Secession spiegelt die neue Innerlichkeit der Kunst in ihrer sakralisierten Form. Über dem Eingang sind die drei Künste – Architektur, Plastik und Malerei – in Form von Masken dargestellt, dazwischen die Schlangen von der Ägis der Pallas Athene (Entwurf: Kolo Moser). Ähnlich wie das Gorgonenhaupt auf dem Schild der Medusa, ist das Motiv auch als Unheil abwehrendes Symbol lesbar: Die profane Welt muss draußen bleiben. Die Türflügel (Kopien) hat Gustav Klimts Bruder Georg entworfen; die beiden Vasen, die auf Schildkröten ruhen, sind eine spätere Zutat von Robert Oerley. – Halb Tempel und Kultstätte, halb Ausstellungs- und Vereinsgebäude, geriet die Secession zu einem auch stark symbolisch wirksamen Gehäuse ihrer Funktion. 1897/98 nach einem Entwurf von Joseph Maria Olbrich errichtet, reflektiert es den Dualismus von Symbolhaftem und Funktionellem in der Zweiteiligkeit seines Aufbaus: Der Kopfbau mit der Eingangshalle unter der goldenen Laubkuppel dient der Repräsentation, die axial dahinter liegende Halle, nüchtern und neutral, wurde für die Ausstellungen errichtet. Die strenge Symmetrie, die sakralen Anspielungen, die großen, ungebrochenen Flächen und der ungewöhnliche Dekor sorgten zusammen mit der auffallenden städtebaulichen Positionierung und Freistellung des Gebäudes für einen handfesten Kunstskandal. „Mauern sollten es werden, weiß und glänzend, heilig und keusch", schrieb Olbrich; als eine „Zwittergeburt zwischen Tempel und Magazin" oder als „Grab des Mahdi" bezeichneten es andere

Lorbeerbäumchen
an der Fassade der Secession

Zeitgenossen. Die völlig neue Form verunsicherte, weil sie keinem herkömmlichen Bautypus zugeordnet werden konnte, und entsprach daher besonders gut dem Streben nach künstlerischem Neubeginn. Finanziert wurde das Gebäude durch Spenden, vor allem jene des Industriellen Karl Wittgenstein (er war der Vater des Philosophen Ludwig und des Pianisten Paul Wittgenstein).

Die Secession gab ab 1898 eine Zeitschrift mit dem programmatischen Titel *Ver Sacrum* heraus, die mit der Verbreitung secessionistischen Gedankenguts erzieherisch auf das Kunstpublikum einwirken wollte. Ein besonderes Anliegen war es, „Österreich dem Ausland gegenüber als selbständigen künstlerischen Factor" erscheinen zu lassen. Opulent illustriert und aufgemacht, sind die Hefte heute antiquarische Kostbarkeiten. In der Secession fanden ab 1898 Ausstellungen statt, die das Wiener Publikum mit den Arbeiten der Secessionisten, aber auch mit Leistungen der internationalen Moderne konfrontierten. Besonders wichtig für den Wiener Jugendstil wurde die 8. Ausstellung (1900), auf der die puristischen Arbeiten des Schotten Charles Rennie Mackintosh zu sehen waren. Sein geometrisch reduzierter Stil übte in der Folge starken Einfluss auf das Wiener Kunstschaffen der Jahrhundertwende aus und prägte dessen Ornament mehr als die floralen, beschwingten Motive des Pariser, Brüsseler oder Münchner Jugendstils. Die 14. Ausstellung, die im Jahr 1902 unter der Leitung von Josef Hoffmann stattfand, gilt als Höhepunkt der secessionistischen Bemühungen um das Gesamtkunstwerk, zu dem alle Kunstsparten beitragen sollten. Sie war dem Komponisten Ludwig van Beethoven gewidmet.

Für den linken Seitensaal des (teilbaren) Erdgeschoßes, in dem Max Klingers Beethoven-Figur den Mittelpunkt bildete, schuf der Maler Gustav Klimt den berühmten Beethoven-Fries. Ursprünglich sollte der Fries nur für die Dauer der Ausstellung bestehen und wurde daher aus wenig dauerhaften Materialien hergestellt. Klimt hat die Leinwände der über 34 Meter langen Arbeit auf einen Grund aus Stuck aufgebracht und bei der Gestaltung verschiedene Malmittel, aber auch Perlmutt, Spiegel und anderes eingesetzt. 1986 wurde das monumentale Werk, das als eines der Hauptwerke der Secession gilt, nach einer komplizierten Restaurierung in einem Raum im Untergeschoß zugänglich gemacht. Der Fries ist eine Leihgabe der Österreichischen Galerie im Belvedere, die weitere bedeutende Werke Klimts besitzt.

Das Thema des Frieses ist Richard Wagners Interpretation der IX. Symphonie von Ludwig van Beethoven. Von links nach rechts sind dargestellt: die Sehnsucht nach dem Glück (schwebende Frauengestalten), die Leiden der schwachen Menschheit (kniendes Paar mit Mädchen) und ihre Bitten an den Starken (Ritter) und die inneren Kräfte (Mitleid und Ehrgeiz, Frauen dahinter), um das Glück zu kämpfen. An der Stirnwand sind die feindlichen Gewalten dargestellt: die Gorgonen (drei stehende nackte Frauengestalten links), weiters Krankheit, Wahnsinn und Tod (die drei fragmentierten weiblichen Figuren dahinter), der Drache Typhoeus (das Ungeheuer mit dem Affenkopf und den blauen Flügeln; diese Figur wird in der griechischen Mythologie durch das Flötenspiel des Hirten Kadmos, das heißt durch die Kraft der Musik, besiegt), Wollust, Unkeuschheit und Unmäßigkeit (die Gruppe rechts vom Ungeheuer); weiter rechts der Kummer. An der rechten Seitenwand: Die Sehnsucht nach dem Glück findet Erfüllung in der Poesie (Frau mit Leier). Die leere Stelle gab den Durchblick auf Max Klingers Beethoven-Figur frei. Es folgt das ideale Reich der Kunst: Freude, Glück und Liebe (Frauengestalten), der Chor der Paradiesesengel und der berühmte Kuss („Seid umschlungen, Millionen! Diesen Kuss der ganzen Welt"). – Klimts Formen und Gestaltungsmittel repräsentieren die Secession auf ihrem künstlerischen Höhepunkt. Die Konzentration auf die Fläche führt zur Betonung der eleganten, sinnlichen Linienführung und zur anspruchsvollen, oft geradezu juwelenhaften Ausgestaltung der einzelnen Flächensegmente, die dadurch an Selbstständigkeit gewinnen und dem dargestellten Gegenstand nur lose verbunden bleiben. Dementsprechend tritt der Naturalismus der Darstellung zugunsten einer formelhaften und stark symbolischen Komponente zurück, die oft durch streng symmetrische und frontale Darstellungen oder Reihungen gleichartiger Elemente unterstrichen wird. Klimt, der aus der Malerei der Ringstraße kam, hat Anregungen aus dem westeuropäischen Symbolismus, aber auch aus der antiken, mittelalterlichen, byzantinischen und fernöstlichen Kunst verarbeitet (vor allem für Letztere interessierten sich damals die fortschrittlichen Künstler in ganz Europa). Über die Sinnlichkeit seiner Körperdarstellung, die trotz aller Abstraktion stark präsent bleibt, ist er aber auch der Malerei der Gründerzeit verbunden geblieben. Sinnlichkeit und Triebhaftigkeit haben um 1900 einen ganz neuen Stellenwert: Sie sollen das Individuum körperlich und geistig befreien. Dies war nicht nur ein Anliegen der bildenden Kunst – Sigmund Freud veröffentlichte damals seine „Traumdeutung", die Schriftsteller, allen voran Arthur Schnitzler mit seinem „Reigen", thematisierten in ihren Texten befreiende und bedrohliche Aspekte des Eros, und im Tanz wurden neue körperliche Ausdrucksformen entwickelt (Isadora Duncan hatte in der Secession einen Skandalauftritt).

Neben der Secession steht eine 1890/1900 von Arthur Strasser geschaffene Bronzeskulptur. Marc Anton in seinem Triumphwagen soll angeblich die Züge des damals sehr populären Künstlers Joseph Urban tragen, der später in den USA als Bühnenbildner und Architekt erfolgreich war.

Etwas weiter vorne liegt der 1991 errichtete Akademie-Hof (von Roland Rainer und Gustav Peichl). Im Erdgeschoß ist der Schauraum des Möbelerzeugers ► Wittmann untergebracht, der unter anderem Möbelentwürfe von Josef Hoffmann in Neuauflage produziert.

Hinter dem Akademie-Hof (Durchgang vom Karlsplatz über eine Passage) befindet sich vor der Seitenfront der Akademie eine einfache Stele, die Josef Hoffmann 1930 als Denkmal für Otto Wagner entworfen hat (ursprünglich für einen anderen Standort).

Vor Secession und Akademie-Hof erstreckt sich der ausgedehnte Karlsplatz, der nie bebaut war und eigentlich eine große Restfläche ist. Bis zum Fall der Stadtmauern (ab 1857) gehörte er zum Glacis, einer ringförmigen Bauverbotszone, die aus militärtechnischen Gründen angelegt worden war und die ummauerte Stadt von den unbefestigten Vorstädten trennte. Bis zu ihrer Einwölbung um 1900 floss die Wien offen über den Platz, in Achse der Kärntner Straße wurde sie von einer Brücke überquert.

Im westlichen Teil des Karlsplatzes stand seit 1992 die Kunsthalle, ein von Adolf Krischanitz entworfenes, temporäres Ausstellungsgebäude der Stadt Wien, das nicht zuletzt wegen seines Cafés schnell zur Institution wurde. Das Provisorium war für vier Jahre gedacht, die Halle stand zehn Jahre lang. Da die Kunsthalle ins neue MuseumsQuartier in den ehemaligen Hofstallungen umgezogen ist, hat Adolf Krischanitz an ihrem alten Standort einen neuen, flachen Glaspavillon mit einem (größeren) Café und einem (kleineren) Ausstellungsraum errichtet. Detail am Rande: Auch die Secession war seinerzeit als Provisorium gedacht …

Ecke Karlsplatz/Friedrichstraße 6 befindet sich das Café Museum (Tel. 586 52 02, Mo bis Sa 8 bis 24, So, Fei 10 bis 24 Uhr; Garten, Schach). Im Spannungsfeld von Akademie, Kunsthistorischem Museum, Secession, Musikverein, Staatsoper, Theater an der Wien und Künstlerhaus in einem der ältesten Häuser der Ringstraßenzone gelegen, wurde es von Künstlern und Musikern frequentiert. Neben Loos, Klimt, Olbrich und Schiele kamen Georg

Trakl, Hermann Broch und Peter Altenberg hierher. Außerdem bestand hier der Stammtisch des Theaters an der Wien, an dem Komponisten und Interpreten der silbernen Wiener Operettenära verkehrten, unter anderen Franz Léhar. Das ursprüngliche Interieur des Cafés, von Adolf Loos entworfen, wurde bei der Eröffnung 1899 als sensationell, wenn nicht skandalös, empfunden, erteilte es doch der Fin-de-Siècle-Vorliebe für Plüsch und üppige Dekorationen eine Absage. Loos wollte, wie er sagte, nichts Originelles schaffen, sondern ein Wiener Café der Zeit um 1830, dessen Schlichtheit und Überschaubarkeit nach mehr als einem halben Jahrhundert gründerzeitlicher Stilarchitektur besonders revolutionär wirkte. Der Spitzname „Café Nihilismus" mag eine Anspielung auf dieses Nichtanerkennen gängiger Gestaltungswerte gewesen sein. Den Auftrag zur Gestaltung hatte im Übrigen der Otto-Wagner-Schüler Max Fabiani an Loos vermittelt. Das originale Interieur wurde um 1930 durch eine neue Ausstattung ersetzt. Diese wiederum musste 2003 nach dem Willen eines neuen Besitzers einer rekonstruierenden „Nachdichtung" der ursprünglichen weichen. Original ist hier nur mehr die ursprüngliche Raumdisposition: Die typische Kaffeehausanlage mit den beiden übereck angeordneten Raumflügeln wird in der Diagonale erschlossen, sodass das gesamte Lokal vom Eingang aus überblickt werden kann. Gegenüber vom Eingang lag die berühmte abgerundete Sitzkasse. Der linke, längere Raum war ursprünglich von den Billardtischen dominiert und wurde durch eine Holzwand mit Spiegeln optisch verkürzt; dahinter liegt ein Spielzimmer. Die Wände waren mit mattgrünen Velourstapeten bezogen. Messing spielte hier eine wichtige Rolle: Die Füße von Tischen und Billards waren mit Mes-

Foto: Heribert Corn

Das Innere des Café Museum nach der Renovierung 2003

sing beschlagen, Messingleisten rahmten die Wände, Gasröhren aus Messing, sichtbar geführt, bildeten gleichzeitig Teile der Kleiderablagen, und Messingschienen, unter denen die elektrischen Leitungen geführt waren, unterteilten die Decken. Die Sessel, aus rot gebeiztem Buchenholz gebogen, wurden von der Firma Kohn nach Entwürfen von Loos hergestellt.

Die Alt-Wiener Möbel aus Klassizismus und Biedermeier, aber auch die angelsächsische Möbelkultur, die Loos bei Aufenthalten in England und den USA kennen gelernt hatte, waren die Vorbilder für die Funktionalität und qualitätvolle Ausführung seiner Möbel. Loos fand, dass das institutionalisierte, staatlich geförderte Kunstgewerbe der Gründerzeit das Handwerk kompromittiert hätte und verlangte eine Anknüpfung an die Materialtreue und die schlichten Formen des Biedermeier. Zu Adolf Loos vgl. ► Seite 42.

Am Nordrand des Karlsplatzes liegen die beiden Stationsgebäude Karlsplatz von Otto Wagner (1898/99; unter Beteiligung von Joseph Maria Olbrich, Konstruktionsdetails von Karl Fischl; April bis Oktober Di bis So 13.30 bis 16.30 Uhr). Eine besondere Leistung liegt in ihrer Positionierung, denn der Karlsplatz gilt zu Recht als städtebaulich besonders schwieriges Terrain, an dem sich Generationen von Planern die Zähne ausgebissen haben. Dominiert wird der Platz von der ► Karlskirche an seinem Südrand. Im Rahmen eines Gelübdes von Kaiser Karl VI. von Johann Bernhard Fischer von Erlach 1714 begonnen (und bis 1739 von dessen Sohn Joseph Emanuel vollendet), ist sie ein Hauptwerk des europäischen Barock. Die Kirche liegt an einer alten Achse, die die Hofburg mit dem kaiserlichen Lustschloss Favorita (heute Theresia-

Detail von Otto Wagners Stadtbahnstation Karlsplatz, 1898/99

num) verbindet, und wendet ihre Fassade in Richtung Hofburg. Dadurch entstand eine diagonale Sichtachse (verlängerte Augustinerstraße) quer über den Platz. Als dessen Nordrand in der Gründerzeit verbaut wurde, entstand dort ein Häuserviertel mit einer Mittelstraße, die im rechten Winkel auf den Platz auftrifft. Wagner setzte seine beiden Pavillons auf den Schnittpunkt der barocken und der gründerzeitlichen Achse und gab ihnen dadurch eine Gelenksfunktion, die durch die Oberflächengestaltung des Platzes (Sven-Ingmar Andersson, ab 1971) und die Restaurierung und Wiederaufstellung der Pavillons (unter Verlust ihres alten Funktionszusammenhangs, der U-Bahn-Aufgang liegt heute in der Passage) verunklärt wurde.

Die Pavillons selbst sind innerhalb der Stadtbahnbauten ein Sondertypus. Wagner hat für sie ein sehr modernes Konstruktionsschema entwickelt, das aus einem Eisenskelett mit eingehängten Marmorplatten besteht. Sein 1898 formuliertes Prinzip, dass jede Kunstform aus der Konstruktion entwickelt werden müsse, ist an den Stationsgebäuden besonders offensichtlich und bestimmt ihre

Station Karlsplatz, 1898/99

Gestalt weit mehr als der applizierte secessionistische Dekor.

Neben der Karlskirche liegt das ▶ Wien Museum (ehem. Historisches Museum der Stadt Wien, www.museum.vienna.at, Di bis So 9 bis 18 Uhr). Das Gebäude wurde nach langen und komplizierten Planungen, an denen auch Wagner maßgeblich beteiligt gewesen war (seine Fassade wurde 1910 als Modell im Maßstab 1:1 aufgestellt), erst 1954 bis 1959 von Oswald Haerdtl, einem Schüler und Assistenten von Josef Hoffmann, erbaut. Es enthält viele Werke aus der Zeit um 1900, unter anderem Interieurs aus der Wohnung von Adolf Loos in der Bösendorferstraße.

Am Rand des Karlsplatzes zurück bis zum Café Museum, gelangt man über die Operngasse und die Ringstraße, die nach

Einst Wintergarten, jetzt Café:
das Palmenhaus

der Schleifung der Basteien auf den ehemaligen Verteidigungswerken errichtet wurde, zum Burggarten (darin das ► Mozart-Denkmal von Viktor Tilgner, 1896: Reliefs mit einer Szene aus Don Giovanni und der musizierenden Familie Mozart). Am hinteren Ende des Burggartens liegt das große, 1899 als kaiserlicher Wintergarten errichtete Palmenhaus. Es befindet sich unmittelbar vor der Augustiner-bastei, einem der wenigen noch erhaltenen Abschnitte der mittelalterlichen Stadtmauer (kürzlich wurde dort einer der Türme wieder entdeckt; er wurde in einen Erweiterungsbau zur Graphischen Sammlung Albertina integriert). Der Architekt Friedrich Ohmann war damals auch Bauleiter der Neuen Hofburg (Gebäude links vom Glashaus) und hat die Aufgabe der Einbindung des Neubaus in das Grundstück zwischen der Rückseite der Neuen Burg und der Albertina (Gebäude hinter dem Glashaus) durch die Einfügung massiver Pavillons in neobarocken Formen zwischen die filigranen Glaskörper gelöst. Neben der funktionalistischen Schule Otto Wagners und dem ornamentalen Secessionsstil gab es in Wien um 1900 eine weitere, stark atmosphärische Strömung, die nie ganz mit der Tradition des Historismus und der Gründerzeit brach, aber zahlreiche Anregungen aus der Secession, dem westeuropäischen Jugendstil und dem Barock übernahm und sehr stimmungsvolle, impressionistische Resultate erzielte (zu Ohmann siehe ► Seite 65). In einem Teil des kürzlich restaurierten Palmenhauses gibt es ein ► Café-Restaurant (Burggarten/Eingang Albertina, Tel. 533 10 33, täglich 10 bis 2 Uhr; Garten, fallweise Livemusik), dessen

sehenswerter Innenraum (Einrichtung: Eichinger oder Knechtl)
Ausblicke auf das angrenzende Schmetterlinghaus (April bis
Okt. Mo bis Fr 10 bis 16.45, Sa, So, Fei 10 bis 18.25 Uhr, Nov. bis
März Mo bis So 10 bis 15.45 Uhr) bietet. Über einen Durchgang
in der Neuen Burg (Sa, So geschlossen; Ausweichmöglichkeit
über den Heldenplatz) gelangt man durch mehrere Höfe der kaiserlichen ► Hofburg (ältester Teil ist der mittelalterliche Schwei-
zerhof mit der Burgkapelle; dort befindet sich auch die ► Schatzkammer, Mi bis Mo 10 bis 18 Uhr) auf den Michaelerplatz. Die
große ► Michaelerkuppel ist der Mittelpunkt der repräsentativen Stadtfassade der Hofburg; sie wurde erst 1893 auf der Basis
eines barocken Entwurfs von Joseph Emanuel Fischer von Erlach
fertig gestellt. Schräg gegenüber auf der anderen Seite des Platzes (Oberflächengestaltung mit Einbindung von Grabungser-
gebnissen: Hans Hollein, 1991/92) steht eines der wichtigsten
Wiener Gebäude des frühen 20. Jahrhunderts, das Haus Goldman & Salatsch von Adolf Loos (Michaelerplatz 3). 1909 bis
1911 auf dem prominenten Bauplatz gegenüber der Hofburg für
einen renommierten Herrenschneider errichtet, verursachte es
hier schon in der Planungsphase einen Skandal. Vordergründig
wurden Glätte und Ornamentlosigkeit der Fassade beanstandet;
tatsächlich war dergleichen aber 1909 nicht mehr ganz neu. Die
wahre Provokation bestand wahrscheinlich, wie F. Achleitner erkannt hat, in Loos' Berufung auf bürgerliche Traditionen. Das
Bürgertum, das im Biedermeier klassische Architekturformen
bevorzugt hatte, war immerhin die treibende Kraft der Revolu-

Adolf Loos' Haus Goldman & Salatsch sorgte um 1910
für einen handfesten Bauskandal

tion von 1848 gewesen. Das Haus bot gewissermaßen unter Aufbietung aller Bürgertugenden im Wortsinn dem Monarchen die Stirn. Wegen der fehlenden Fensterverdachungen wurde es auch als „Haus ohne Augenbrauen" geschmäht. „Eine glatt rasierte Visage, in der kein Lächeln wohnt", schrieb ein Zeitgenosse. Der gewandte, kluge und wortgewaltige Loos antwortete, er fände die glatt rasierte Visage Beethovens schöner als alle lustigen Spitzbärte des Künstlerhauses.

Loos errichtete für seinen Schneider Goldman & Salatsch einen Eisenbeton-Skelettbau. Die tragenden Elemente sind allesamt in die Außenmauern integriert, was eine hohe Grundrissflexibilität und damit die optimale Nutzung des Gebäudevolumens ermöglichte. Die Trennung zwischen Geschäfts- und Wohnzone wird durch die unterschiedliche Gestaltung betont: Putz mit einfach eingeschnittenen Fenstern für die Wohngeschoße, prachtvoller Cipollino-Marmor mit schöner Maserung in der Portalzone. Diese wurde nicht, wie damals gerade modern, in Glas aufgelöst. Loos kehrt vielmehr zu einer traditionellen, gediegenen und repräsentativen Form des Entrées zurück, die die Säulen der Kirchenvorhalle schräg gegenüber paraphrasiert – und die in ihrem Traditionalismus wiederum die Modernen provozieren musste. Der Schriftzug der Eigentümer wurde auf einer schlichten, kupferverkleideten Eisentraverse angebracht. Zwischen Portal- und Oberzone führte Loos einen viel kritisierten Achsensprung ein, der die Trennung der beiden Bereiche noch verstärkt, aber auch die tatsächlichen Verhältnisse von Tragen und Lasten illustriert: Nicht die massiven Monolithsäulen tragen den Bau, sondern das Eisenskelett dahinter (das hofseitig sichtbar belassen wurde). Hinter der Geschäftszone lagen die nach dem Prinzip des Loosschen Raumplans (siehe unten) angeordneten Werkstätten und Geschäftsräume (Erdgeschoßhalle ab 1989 von Burkhardt Ruckscio rekonstruiert). Die Ausstattung und Einrichtung des Geschäfts wurde von englischen Tischlern gefertigt bzw. aus England importiert; in den Werkstätten hingegen herrschte mit Sichtbeton und Eisengeländern solide Zweckmäßigkeit. Sogar die Raumhöhen waren hier auf die jeweiligen Produktionsschritte zugeschnitten (2,07 Meter für die sitzenden Näher, 3 Meter für die stehenden Zuschneider usw.).

Adolf Loos bezog seine Modernität aus einer neuen Art des Einsatzes von klassischen Formen und Prinzipien. Dies hat seine

Das (rekonstruierte) Entrée im Loos-Haus

Zeitgenossen provoziert und polarisiert. Modernität war für Loos formale und materielle Korrektheit, Qualität und Angemessenheit, und daher war „modern" für ihn nicht gleichbedeutend mit „neu", was ihm nicht gerade die Freundschaft der Secessionisten eintrug, gegen die er auch in zahlreichen Zeitungsartikeln heftig polemisierte. Seine Sonderstellung im Wien der Jahrhundertwende basierte auf seiner besonderen Ausbildung, die von seiner Nähe zum Handwerk bestimmt war. Er kam aus einer Brünner Steinmetz- und Maurerfamilie und wurde an einer Gewerbeschule ausgebildet – Josef Hoffmann war für kurze Zeit sein Schulkollege. Als junger Mann lebte er eine Zeit lang in den USA, wo er in New York unter anderem als Kritiker und als Bauzeichner arbeitete, die Arbeiten der Schule von Chicago und die Weltausstellung sah und eine lebenslange Bewunderung für angelsächsische Lebensart entwickelte. 1898 formulierte er das auf Gottfried Semper zurückgehende „Prinzip der Bekleidung" neu: Aus der Unterscheidung von konstruktivem Gerüst und (entwicklungsgeschichtlich älterer) Ver- oder Bekleidung ergibt sich der Grundsatz, dass nie so gebaut werden darf, dass bekleidetes Material und Bekleidung verwechselt werden können. Holz darf zum Beispiel in allen Farben, aber nie in Holzfarbe gestrichen werden; Putz darf nicht aussehen wie Ziegel- oder Steinmauerwerk. Das schließt jegliche Ver-Kleidung im Sinn des Historismus, aber auch des Jugendstils, aus und führt zu den Gestaltungsgrundlagen von Biedermeier und Klassizismus zurück. Tatsächlich hat Loos sehr früh die Modernität der Gestaltungen der ersten Hälfte des 19. Jahrhunderts erkannt, die ab etwa 1910 der zeitgenössischen Produktion neue Impulse geben sollten. Die daraus resultierende hohe Funktionalität von Loos' Entwürfen rückte seine Arbeit manchmal formal in die Nähe der internationalen Moderne und qualifizierte ihn für eine internationale Klientel.

Der Loossche Raumplan – das Anordnen von funktionsgerecht bemessenen, ausgewogen dimensionierten Räumen unterschiedlicher Höhen und Größen auf verschiedenen Ebenen in einer räumlich „dichten Packung" – ist eine weitere wichtige Innovation, die Schule machen sollte. Rezipiert wurde dies nicht auf den Akademien (Loos war bei der Neubesetzung von Otto Wagners Lehrstuhl übergangen worden), sondern in Loos' privater Bauschule, deren Absolventen (unter anderen Richard Neutra, Rudolf Schindler, Felix Augenfeld) zum eigentlichen Bindeglied Österreichs zur internationalen Moderne wurden. Als Schriftsteller und Vortragender bezog Loos zu allen aktuellen Themen von Kunst und Leben – von der Frauenemanzipation bis zu den Tischmanieren – Position, eine Zeit lang in einer eigenen Zeitschrift mit dem provokanten Titel *Das Andere. Ein Blatt zur Einführung abendländischer Kultur in Österreich.* Mit seiner Vorstellung von einer Kunst, die mitten im Leben stehen sollte, und eines Kunstgewerbes, das nicht durch die Künstler, sondern durch die Handwerker selbst reformiert werden sollte, geriet Loos zum Antipoden der Secession. Mit Otto Wagner hingegen, den er hoch schätzte, teilte Loos die Ansicht, dass die Schönheit eines Gegenstands ein Produkt seiner Brauchbarkeit sein müsse.

☕ Das ► Café Griensteidl (Michaelerplatz 2, Tel. 535 26 92, täglich 8 bis 23.30 Uhr; Garten), 1990 eröffnet, erinnert an seinen gleichnamigen Vorgänger, das Stammcafé der Wiener Literaten und Journalisten. Adolf Loos verkehrte hier ebenso wie seine Freunde Peter Altenberg, Karl Kraus, Oskar Kokoschka und Arnold Schönberg, außerdem Hermann Bahr, Arthur Schnitzler, Hugo von Hofmannsthal, Anton Kuh, Felix Salten und Stefan Zweig. Als das Café 1896 geschlossen wurde, schrieb Karl Kraus einen Text mit dem Titel „Die demolierte Literatur". Die meisten Gäste fanden im nahe gelegenen ► Café Central (Herrengasse 14, 1986 in veränderter Form wieder eröffnet, Tel. 533 37 64-26, Mo bis Sa 8 bis 22, So 10 bis 18, Fei 10 bis 22 Uhr; Livemusik) eine

Schrift auf Adolf Loos' Manz-Portal

neue Heimat. Ebenfalls gleich um die Ecke befand sich auf Herrengasse 10 das (1961 geschlossene) Café Herrenhof, das ebenfalls von Schriftstellern, unter ihnen Heimito von Doderer, Elias Canetti, Robert Musil, Alfred Polgar, Joseph Roth, Leo Perutz, Franz Werfel, Hilde Spiel und Vicki Baum, frequentiert wurde.

Das Portal der Buchhandlung Manz (Kohlmarkt 16; Fachbuchhandlung für Juridica) stammt wieder von Adolf Loos (1912). Die sehr flache Marmorfassade hat den Charakter einer Schnittfläche, die die äußerste Grenze zwischen Straße und Raum markiert; die tiefe Portalnische, die den Passanten ins Geschäft hineinzieht, gehört eigentlich schon zum Innenraum. Die fluchtenden Kassetten der Milchglasdecke verstärken diesen Eindruck. Das Haus Kohlmarkt 12 ist ein früher Eisenbetonbau (Siegmund Müller, 1912/13). Daneben liegt Hans Holleins Kerzengeschäft Retti (1964/65).

Gegenüber, auf Nr. 9, liegt das Artaria-Haus, das nach Entwurf des Wagner-Schülers Max Fabiani 1900 bis 1902 errichtet wurde. Fabiani hatte seine Ausbildung bereits abgeschlossen und bereiste mit einem Stipendium Europa, als er auf Anraten Joseph Maria Olbrichs von Otto Wagner zur Mitarbeit im Atelier eingeladen wurde. Später war er inoffizieller Kunstberater des Thronfolgers Franz Ferdinand, dem er auch persönlich nahe stand, und lehrte an den technischen Hochschulen von Wien, Berlin und Laibach. Charakteristisch für seine Entwürfe ist eine erstaunliche Unabhängigkeit, die den jeweils herrschenden Zeitgeist erfasst, ohne Konzessionen an Moden zu machen. Vielleicht war es seine umfassende Kenntnis der historischen Architektur, die Fabiani eine große Zahl scheinbar widersprüchlicher, aber immer höchst origineller Lösungen ermöglichte. Eine seiner besonderen Spezialitäten sollte später ein sehr persönlicher Neobarock werden, den er selbst scherzhaft „baroccus fabianensis" nannte. – Bis heute werden Unter- und Erdgeschoß des Artaria-Hauses sowie Mezzanin von der renommierten Druck- und Verlagsanstalt ► Artaria/Freytag & Berndt (Landkarten, Reiseliteratur) eingenommen. Fabiani hatte ein besonderes Talent für typologische Innovationen, und auf der schmalen, recht schwierigen Parzelle verwirklichte er mit einem halbrunden Hof und einem elliptischen, seitlich angeordneten Treppenhaus eine besonders originelle Variante eines Wohn- und Geschäftshauses. Die Fassade, durch eine sichtbar belassene Eisentraverse in Geschäftsbereich und Wohnzone geteilt, wird von den auffallenden Bay-Windows (Erkerfenstern) dominiert. Das Motiv ist wahrscheinlich eine Kombination angelsächsischer und heimischer Traditionen und gibt der Fassade einen plastisch-rhythmischen Akzent. Vor der hellen Steinverkleidung der Obergeschoße ergeben die dunklen, kleinteilig versprossten Fensterrahmen einen Effekt mit japanischen Anklängen. Der schirmartige Dachüberstand, ein beliebtes Motiv der Wagnerschule, und die Fensterverdachungen, die ihn im Kleinen vorbereiten, unterstreichen diese Wirkung. (Das Interesse der europäischen Künstler für Japan, das erst 1854 aus seiner Isolation getreten war, erreichte um 1900 einen Höhepunkt und schlug sich in einer regelrechten Japan-Mode nieder.) Die durchlaufenden Gesimsbänder an der Fassade suggerieren aus der Untersicht durch die perspektivische Verkürzung einen dynamischen Höhenzug. Die Fassadenplatten sind aus Carrara-Marmor; ein zeitgenössischer Kritiker schrieb, man könne sie „nach Bedarf reinscheuern wie die Grabsteine in England". Die figuralen Dekorationen an den Kanten

Detail vom
Artaria-Haus

der Geschäftszone stammen von Alfons Canciani. Das Artaria-Haus war eines der ersten Häuser mit einer Marmorfassade in Wien und auch eines der ersten, in dem die elektrischen Leitungen unter Putz verlegt wurden. Leider wurde vor allem die Erdgeschoßzone innen und außen relativ stark verändert.

Auf Kohlmarkt 7 befindet sich ein weiteres Geschäftslokal von Hans Hollein (1980/81), Schullin II, für den Juwelier Schullin & Söhne. – Auf Nr. 2 liegt ein extrem schmales, von Friedrich Schön 1909 errichtetes Warenhaus in Eisenbeton mit polierter Steinfassade.

Die Kreuzung Kohlmarkt/Graben/Tuchlauben ist ein wichtiger topographischer Punkt der Innenstadt. Hier befand sich das westliche Tor, die „porta decumana", des römischen Lagers Vindobona (siehe Hoher Markt, ► Seite 52), und noch bis 1732 stand hier dessen Nachfolgebau, das mittelalterliche Peilertor. Die schmale Naglergasse verläuft auf der einstigen Fortsetzung der römischen Umwallung und markiert mit der Krümmung an ihrem Ende die Westecke des Römerlagers. Der Haarhof, ein kleiner, abfallender Durchgang zur Wallnerstraße, macht die Böschung des einstigen römischen Walls bis heute gut nachvollziehbar. – Die Häuserzeile zwischen Naglergasse (hier haben sich einige mittelalterliche Häuser erhalten) und Bognergasse wurde um 1900 neu bebaut.

Eine der 26 Filialen der Konditoreikette ► Aida (z.B. die in der Bognergasse 3) sollte man unbedingt aufsuchen. Das vor 75 Jahren gegründete Unternehmen war die Antwort der Espressokultur auf das traditionelle Kaffeehaus, und jede der Filialen

Das Artaria-Haus von Max Fabiani, 1900–1902

spiegelt mit ihrer Einrichtung ein wenig die Alltagskultur ihrer Entstehungszeit. Allen gemeinsam ist die Qualität ihrer Produkte und das flotte rosa-braune Outfit der Kellnerinnen. Eine Institution (Mo bis Sa 6.30 bis 19, So 9 bis 19 Uhr)! Daneben, auf Bognergasse 5, das Restaurant ▶ Zum schwarzen Kameel mit einer eleganten, 1903 von Robert Oerley gestalteten Ausstattung (Tel. 533 81 25, Mo bis Sa 8.30 bis 24 Uhr; Garten).

In der Bognergasse liegt auf Nr. 9 das Haus Zum Weißen Engel. Von Oskar Laske jun., einem Otto-Wagner-Schüler, 1901/02 erbaut, steht es wegen seines ornamentalen Mosaiks der Kunst der Secession nahe. Typisch dafür ist der ausgesprochen flache, der Oberfläche des Baus verhaftete Fassadenschmuck, der

Das Haus Zum Weißen Engel
1901/02

stark malerisch-grafischen Charakter hat (Laske war auch ein viel beschäftigter Maler). Trotz seiner dekorativen Freiheit ordnet sich der Fassadendekor der tektonischen Struktur des Gebäudes unter: Die Engel zu beiden Seiten der Portalöffnung können als figurale Pfeiler interpretiert werden, die die tragenden Mauerteile optisch verstärken. Der feine Rahmen, den die Engel halten, umschreibt das große Fenster im Mezzanin, das noch zur Portalzone gehört, und unterstreicht dadurch in „wagnerischer" Weise die funktionelle Trennung zwischen Geschäfts- und Wohnzone. Die Apotheke im Erdgeschoß besitzt noch die Einrichtung aus der Erbauungszeit. Das schmale und wenig tiefe Grundstück wurde von Laske mit einem runden Treppenhaus bewältigt.

Das Nebenhaus, Bognergasse 11, ist ein gutes Beispiel für die um 1900 sehr beliebte „deutsche Renaissance". Wie alle anderen Spielarten der so genannten „Heimatkunst" kam auch diese Variante aus der Suche nach einem repräsentativen nationalen Baustil, die die Architekturdiskussion des 19. Jahrhunderts beherrscht hatte. Die fortschrittlichen Architekten der Zeit um

1900 verabscheuten derlei aus tiefstem Herzen – Otto Wagners Anhänger entwickelten die Form lieber aus der Konstruktion, und die Secessionisten hatten eben jenen radikal neuen Stil kreiert, der den historischen Eklektizismus ablösen sollte. – Schräg gegenüber, auf dem Platz Am Hof 2, liegt das Gebäude der Österreichischen Länderbank, das 1912 bis 1914 von den auf Bankgebäude spezialisierten Architekten Ernst von Gotthilf und Alexander Neumann errichtet wurde. Der monumentale Neoklassizismus ist ein Produkt aus Zeitstil, Lage (an einem der prominenten Plätze der Innenstadt und als Nachfolger des alten Kriegsministeriums) und Symbolwert. Repräsentative Solidität vermittelt auch die Raumfolge vom Eingang bis zum aufwendig gestalteten Kassensaal.

Otto Wagners Länderbank-Gebäude in der Hohenstaufengasse 3 (heute ein Amtsgebäude des Bundeskanzleramts) wurde ebenfalls für ein Geldinstitut errichtet. „Die Wiener Architektur des zwanzigsten Jahrhunderts beginnt mit den Bauten Otto Wagners der Achtzigerjahre", schrieb der Architekturkritiker F. Achleitner. 1882 bis 1884 erbaut und damit zwölf Jahre vor Wagners legendärem Bekenntnis zur Moderne entstanden, belegt der Bau mit der Neorenaissance-Fassade bereits Wagners Überlegungen zu einer funktionalistischen Ästhetik. Die Mittelachse des Gebäudes bereitet mit Entrée und Vestibül auf den halbrunden ehemaligen Kassensaal vor, der sich zwischen den Stützen in einen hellen Umgang öffnet. Dieser Umgang – er hat einen U-förmigen Grundriss, reicht über alle Geschoße und

Otto Wagners Länderbank, 1882–84

konnte durch Leichtwände unterteilt werden – ist vom Hof des Hauses Renngasse 3 aus gut sichtbar. Zwischen den durchgehenden, schmucklosen Pfeilern, die am oberen Ende einfach gekappt sind und daher unbegrenzt weiter aufsteigen könnten, erstrecken sich Fensterflächen von maximaler Größe. Die Form ergibt den Eindruck eines erstaunlich monumentalen Halbzylinders. Dieser Bauteil aus Glas und Eisen thematisiert unter Verzicht auf jeglichen Dekor nur seine eigene Funktion – die optimale Belichtung des Saales dahinter. Die grundlegenden Gestaltungsprinzipien des Neuerers Otto Wagner sind hier schon sehr deutlich formuliert.

Unweit von hier überquert die Wipplingerstraße ein Tal, durch das bis heute der Ottakringer Bach fließt (sein Gerinne wurde im

Die Hohe Brücke, 1903/04

19. Jahrhundert eingewölbt). Die Hohe Brücke, 1903/04 von Josef Hackhofer errichtet, scheint über dem tiefen Taleinschnitt zu schweben. Es lohnt sich, über die Treppen zum Tiefen Graben hinunterzusteigen; dort hat man tatsächlich den Eindruck, in einem Flussbett zu stehen. Die exponierte Lage und die ziemlich exzentrische Bauaufgabe – die Kreuzung von zwei Straßen auf unterschiedlichen Niveaus – machten eine besonders sorgfältige formale Lösung notwendig. Josef Hackhofer, der auch an der Gestaltung des Wienflussportals (► Seite 65) mitgearbeitet hat, war – ähnlich wie Friedrich Ohmann – ein Vertreter jenes „barocken" Jugendstils, in dem die späthistoristische Tradition mit secessionistischen Motiven, aber auch mit Anregungen aus dem westeuropäischen Art nouveau verschmolzen wurde. Bei der Hohen Brücke hat er sich aber wahrscheinlich von Otto Wagner anregen lassen und, ähnlich wie bei dessen Karlsplatz-Pavillons, ein Stahlfachwerk mit eingehängten Marmorplatten kombiniert.

Auf der Wipplingerstraße gibt es gleich an der Brücke ein liebenswertes Stehcafé mit einer weitgehend unveränderten Einrichtung aus den 1950er-Jahren (▶ Naber Café). Auf Renngasse 9 kann man im Keller der Hypobank Tirol ein ▶ römisches Skelett besichtigen (zu den Banköffnungszeiten).

Am Hohen Markt 10–11 liegt der für die gleichnamige Versicherung errichtete Anker-Hof (Entwurf: Ernst von Gotthilf und Alexander Neumann, 1912 bis 1914). Er besteht aus zwei Gebäudeteilen, die durch eine Brücke mit einer großen Uhr verbunden sind. Die Brücke wird von vier Konsolfiguren (vorne Adam und Eva, hinten Engel und Teufel) gestützt; der Mittelteil ist von einer Sonnenscheibe und zwei allegorischen Figuren (Leben und Tod) bekrönt. Die Anker-Uhr, 1911 von Franz von Matsch entworfen, illustriert mit ihren historischen Figuren die Geschichte Wiens und sollte mit ihrer Lebens- und Vergänglichkeitssymbolik wohl diskret auf den Lebensversicherungsgedanken anspielen. Zu jeder Figur ertönt ein passendes Musikstück; um 12 Uhr mittags gibt es eine Parade aller Figuren hintereinander (Schauseite unter anderem mit dem Wiener Wappen, einem weißen Kreuz auf rotem Grund; Figuren: Kaiser Marc Aurel um 1 Uhr, Kaiser Karl der Große um 2 Uhr, Herzog Leopold VI. Babenberg um 3 Uhr, Walther von der Vogelweide um 4 Uhr, Kaiser Rudolf I. Habsburg mit Kaiserin Anna um 5 Uhr, Dombaumeister Hans

Die Anker-Uhr mit Figuren aus der Geschichte Wiens

Puchsbaum um 6 Uhr, Kaiser Maximilian I. um 7 Uhr, Bürgermeister Liebenberg um 8 Uhr, Ernst Rüdiger Graf Starhemberg um 9 Uhr, Prinz Eugen von Savoyen um 10 Uhr, Kaiserin Maria Theresia und Franz Stephan von Lothringen um 11 Uhr und Joseph Haydn um 12 Uhr).

Im Zentrum des Platzes Hoher Markt steht der barocke ► Vermählungs-Brunnen (auch Josefsbrunnen; Entwurf: Joseph Emanuel Fischer von Erlach, 1729 bis 1732). – Unter der Platzfläche des Hohen Markts wurden 1945 ► römische Offiziersquartiere entdeckt (Hoher Markt 5, Di bis So 9 bis 12.15 und 13 bis 16.30 Uhr). – Im Sommer bietet sich ein Besuch des nebenan gelegenen ► Eissalons an (täglich 9 bis 23.30 Uhr).

Das so genannte Zacherlhaus (Wildpretmarkt 2–4/Brandstätte 6/Bauernmarkt 5) verdankt seinen Namen dem Bauherrn, dem Insektenpulverfabrikanten Johann Evangelist Zacherl. Für den Neubau lobte Zacherl 1900 einen beschränkten Wettbewerb aus, dessen Teilnehmer von Otto Wagner nominiert wurden. Zacherl wählte den Entwurf Plečniks. Als einer der führenden Köpfe der katholischen Erneuerungsbewegung hatte Zacherl zu dem ebenfalls überzeugten Katholiken Plečnik (dessen Religiosität ebenso wie seine Ehelosigkeit und seine bedingungslose Hingabe an seine Profession eine merkwürdige Parallele in der Biografie des katalanischen Architekten Antoni Gaudí haben)

auch bald privat ein gutes Verhältnis, und 1902 trat die Planung in die Endphase. Das Grundstück, ursprünglich mit zwei Häusern bebaut, hat eine schwierige, schmale und lange, an einem Ende abgerundete Form. Plečnik entschloss sich für die unteren Geschoße zu einer Eisenbetonkonstruktion und überzog die Grundfläche mit einem gleichmäßigen, auf einem quadratischen Schematismus basierenden Raster von Stützen, der dem Wunsch des Bauherrn nach einem

Das Entrée des Zacherlhauses, 1903–1905

flexiblen Grundriss in Erdgeschoß und Mezzanin entsprach. Die eigentliche Leistung Plečniks ist hier aber der Umgang mit dem Thema Fassade als Bekleidung. Seit 1898, als Otto Wagner an den Stadtbahnpavillons am Karlsplatz Steinplatten als Fassadenmaterial eingeführt hatte, war unter seinen Schülern eine lebhafte Diskussion um die geeigneten Materialien ausgebrochen. Weil sie leicht zu reinigen waren, galten beispielsweise keramische Platten als sehr geeignet, und in einer früheren Phase hat Plečnik eine solche Plattenverkleidung erwogen. Als sich der Bauherr eine Granitfassade wünschte, plante Plečnik um – und schuf eine der beeindruckendsten und elegantesten Fassaden der Wiener Jahrhundertwende (Adolf Loos hatte übrigens schon 1898 die Vorzüge des Granits in einem seiner Texte gelobt). Plečnik, der damals in Otto Wagners Atelier mit Max Fabiani zusammenarbeitete und dessen Artaria-Haus (▶ Seite 45) kannte, war mit verschiedenen Varianten der Plattenbefestigung vertraut, entwickelte aber ein neues System: Die in Längsrichtung verlaufenden Granitprofile halten die Platten ohne Mörtel vor den Wänden, sodass Probleme der Materialausdehnung vermieden wurden. Gleichzeitig gliedern die

Hl. Michael von F. Andri

Profile – im Rhythmus a-b-a angebracht – die Baumasse derart, dass der Eindruck eines granitenen Monoliths vermieden wird und die Fassade ausdrücklich als nicht tragendes Bekleidungselement ausgewiesen ist – ein Vorgriff auf die modernen Curtainwall-Fassaden. Die Fenster sind dem Plattenrhythmus eingegliedert. Der Vertikalzug der Fassade wird von der Erdgeschoßzone und dem mächtigen Kranzgesims abgefangen. Die Atlanten, die das Gesims tragen, wurden nach einem Entwurf Franz Metzners angefertigt. Die Figur des Erzengels Michael stammt von Ferdinand Andri und wurde laut Plečnik wegen der Nähe zum Dom angebracht. Sie erhielt – wegen der Profession des Bauherrn – bald den Spitznamen „Wanzentöter". – Die Erschließung des Erdgeschoßes hat Plečnik durch eine dramatische Raumfolge bewältigt, die wie eine „Sonde ins Herz" (F. Achleitner) des Gebäudes vordringt: Ein langer, fensterloser Gang führt tief in das Gebäude hinein, um hofseitig in ein elegantes Treppenhaus mit einem extravaganten, axial gestellten Kandelaber zu münden. Das Vorbild für den ovalen Grundriss des Treppenhauses lieferte möglicherweise ein barockes Palais in Plečniks Heimatstadt Ljubljana/Laibach. – Das Haus erhitzte nach seiner Fertigstellung alsbald die Gemüter, wurde aber von der Avantgarde durchwegs mit Begeisterung gefeiert. Schlichtere Gemüter verspotteten es als den „höchsten Maroniofen von Wien".

Über den Bauernmarkt (ein Dorado für Fashion-Addicts: Bekleidung bei ► Firis, feine Parfumeriewaren und Modeschmuck bei ► nanadebary, beide Nr. 9; Kleider bei ► Chiara (Nr. 8) und den Trattnerhof, einen 1911/12 von Rudolf Krauss errichteten Eisenbetonbau, gelangt man auf den Graben.

Der Graben, heute der repräsentativste Platz der Innenstadt, hat seinen Namen vom römischen Stadtgraben, auf dessen Südostabschnitt er liegt. Seit dem Mittelalter bebaut, verdankt er seine heutige Gestalt dem ausgehenden 19. und beginnenden 20. Jahrhundert.

Der Rundgang beginnt an der Ecke zur Kärntner Straße. Das ► Palais Equitable (Stock-im-Eisen-Platz 3), 1887 bis 1891 von Andreas Streit erbaut, gehört mit seinem überdachten Innenhof zu den schönsten spätgründerzeitlichen Gebäuden in der Inneren Stadt. Im Erdgeschoß kann man im Geschäft der ► Porzellanmanufaktur Augarten – sie wurde 1718 gegründet und ist nach Meißen die zweitälteste Europas – unter anderem Porzellan nach Entwürfen Josef Hoffmanns kaufen. An der Ecke des Hauses befindet sich unter einem Glassturz der ► Stock-im-Eisen, ein sagenumwobener, mit Nägeln übersäter Baumstumpf, der traditionell als Zentrum Wiens galt. Die Nägel sollen von Schlossergesellen auf der Walz eingeschlagen worden sein.

Gleich um die Ecke, im Kärntner Durchgang, liegt die Kärntner Bar, auch als American Bar und – nach ihrem Architekten – als Loos-Bar bekannt (Tel. 512 32 83, im Sommer täglich 12 bis 4, im Winter So bis Mi 12 bis 4, Do bis Sa 12 bis 5 Uhr; Garten). Diese

Klein, aber fein:
Adolf Loos'
American Bar, 1908

Art von Lokal, eine Cocktailbar nach amerikanischem Vorbild mit ganz wenigen Sitzplätzen, war 1908 neu in Wien und wurde ein sensationeller Erfolg. Ursprünglich eine Tagesbar, war das Lokal zunächst berufstätigen Männern vorbehalten, die Frauen ließen sich aber nicht abweisen. – Loos gestaltete die Fassade durch vier Pfeiler aus Skyrosmarmor (da ihm wegen einer früheren Planvariante nur drei zur Verfügung standen, ließ er einen davon diagonal durchschneiden und setzte die Hälften an die Seiten), dazwischen liegen Messingrahmen mit Glasfüllungen. Darüber befindet sich ein schräg vorkragender Baldachin, der – von innen beleuchtet – eine stilisierte amerikanische Flagge zeigt und wie ein heiter-ironischer Kommentar zur Klassizität des Tempelfront-Motivs der Fassade wirkt (Rekonstruktion von Hermann Czech). Der winzige Innenraum dahinter (4,45 mal 6,15m) wurde von Loos extrem ökonomisch genutzt, wirkt aber ebenso großzügig wie großstädtisch. Der Raum ist durch Wandpfeiler und Deckenbänder aus Marmor in drei Joche geteilt, die Wände sind bis knapp über die Hälfte der Raumhöhe mit Mahagoni verkleidet. Darüber wurden große Spiegelflächen angebracht, an der Eingangswand quadratische, durchscheinende Onyxscheiben, die tagsüber für sanftes Licht sorgten. Die Deckenfelder werden von lebhaft gemaserten, aus jeweils einem Stück geschnittenen marmornen Kassetten gefüllt. Über die Spiegel wird die Decke optisch reproduziert, sodass sich der Raum hinter den halbhohen Mahagonitäfelungen fortzusetzen scheint. Die Theke bietet Stütze durch eine angenehm zu berührende Mahagonistange, der Fuß findet Halt an einer Messingstange in entsprechender Höhe, die Tischchen sind am Boden verschraubt. Ob der Charakter einer fixierten Schiffseinrichtung vielleicht dem Körpergefühl der Cocktailtrinker entgegenkommen sollte? In diesem Zusammenhang wäre auch die Raumspiegelung ins Unendliche ein ironischer Kommentar. Die Sitze in den kleinen Nischen waren ursprünglich mit bunt geblümtem Leinen überzogen; dadurch war der Gesamteindruck etwas lebhafter. Das grüne Automobilleder, das bei der Restaurierung verwendet wurde, entspricht aber Loos' ursprünglichem Wunsch. Raffiniert und elegant, klein und monumental, dabei ökonomisch und modern – Adolf Loos hat mit dieser Bar Standards gesetzt.

Tatsächlich haben die Wiener Architekten – allen voran der exzellente Loos-Kenner Hermann Czech – seit den 1970er-Jahren zahlreiche Variationen zum Thema Bar geliefert. Davon gibt es im Stadtzentrum (aber nicht nur dort) einige zu sehen – eine Auswahl in chronologischer Folge: ► Kleines Café von Hermann Czech, 1970 bzw. 1973/74 (Franziskanerplatz 3, Mo bis Sa 10 bis 2, So, Fei 13 bis 2 Uhr); ► Wunderbar von Hermann Czech, 1975/76 (Schönlaterngasse 8, Tel. 512 79 89, täglich 17 bis 2 Uhr); Cocktailbar ► Roter Engel, Coop Himmelb(l)au, 1980/81 (Rabensteig 5, Tel. 535 41 05, So bis Mi 16 bis 2, Do bis Sa 16 bis 4 Uhr); Restaurant ► Salzamt von Hermann Czech, 1981 bis 1983 (Ruprechtsplatz 1, Tel. 533 53 32, Mo bis Fr 11.30 bis 2, Sa, So 17 bis 2 Uhr); Restaurant ► Kiang von Helmut Richter, 1984/85 (asiatische Küche; Rotgasse 8, Tel. 533 08 56, Mo bis Sa 11.30 bis 15, 18 bis 24 Uhr); Restaurant ► Wrenkh von Eichinger oder Knechtl, 1989 (v. a. vegetarisch, Bauernmarkt 10, Tel. 533 15 26, täglich 11.30 bis 24 Uhr); Cocktailbars ► Ron Con Soda und ► First Floor von Eichinger oder Knechtl, 1994, unter Verwendung von Teilen einer Ausstattung aus der in den 1930er-Jahren entstandenen Mounier-Bar (beide Rabensteig 5, Ron Con Soda täglich 19 bis 4 Uhr; First Floor, Tel. 533 78 66, Winter: Mo bis Sa 19 bis 4, So 20 bis 3, Sommer: Do bis Sa 19 bis 4 Uhr).

Nur ein paar Schritte von der Loos-Bar entfernt befindet sich auf Kärntner Straße 26 das Geschäft der renommierten Glashersteller ▶ J. u. L. Lobmeyr, die zahlreiche Wiener Künstler der Jahrhundertwende als Designer beschäftigten. Die entsprechenden Produkte können in der hauseigenen Sammlung, die in einem zauberhaften glasgedeckten Innenhof untergebracht ist, besichtigt werden (Mo bis Sa zu den Ladenöffnungszeiten). Nicht weit davon, auf Kärntner Straße 27, steht ein 1905/06 von Johann Walland entworfenes Eckhaus, das Adolf Loos als das beste neue Wiener Haus bezeichnete. Als Eisenbetonbau mit variablem Grundriss zeigt es seine Grundstruktur am Außenbau mit unprätentiöser Selbstverständlichkeit.

Zurück zum Graben. Auf Nr. 8 hat sich mit Braun & Co. ein 1904 errichtetes und ausgestattetes Geschäft (Entwurf: Arnold Hatschek) relativ unverändert erhalten. Auf Graben 10 liegt das Anker-Haus, von Otto Wagner 1894/95 für die Versicherungsgesellschaft Der Anker errichtet. Es ist eines der ersten Häuser, die in Wien für eine wirklich großstädtische gemischte Nutzung (Geschäfte/Büros/Wohnen) gebaut wurden. Die maximierten Fensterflächen zwischen den Pfeilern, die in den oberen, gleich hoch gehaltenen Wohngeschoßen besonders gut sichtbar sind, verweisen strukturell schon auf die anbrechende Zeit des Eisenbetons, obwohl sie noch in Ziegel gemauert sind. In den Mittelachsen der Obergeschoße entstehen dadurch Fensterbänder (die sehr viel später zu einem Lieblingsmotiv der Moderne wer-

Das gläserne Dachatelier
auf dem Anker-Haus,
1894/95

den sollten). Mit ihren schmalen Pfeilern erinnern sie formal ein wenig an die amerikanischen Eisenfassaden. Im Sockelbereich hat Wagner einen Glas-Eisen-Käfig vor die tragenden und durch das Glas sichtbaren Mauerpfeiler gestellt. Die transparente Glashaut verdeckt die tragende Struktur nicht mehr wie bei den gründerzeitlichen Geschäftsportalen, die mit Steinplatten verblendet waren. Vielmehr bezieht sie das Verhältnis von Tragen, Lasten und Verkleiden als Gestaltungselement in den Bau mit ein und zeigt dessen Funktionieren. Otto Wagner hat mit der Portalzone des Anker-Hauses ein grundlegendes typologisches Element zur Gestaltung des Straßenraums in einem modernen, großstädtischen Sinn formuliert. Das gänzlich in Glas und Eisen aufgelöste Dachatelier leistet einen markanten Beitrag zur innerstädtischen Dachlandschaft.

Um die Ecke, in der Dorotheergasse 1, befindet sich die altehrwürdige Imbissstube ► Trześniewski, eine Wiener Institution seit neunzig Jahren (Tel. 512 32 91, Mo bis Fr 8.30 bis 19.30, Sa 8 bis 17 Uhr). Daneben, im Graben-Hotel, wohnte im Zimmer 51 zwischen 1913 und 1919 der exzentrische Literat und leidenschaftliche Kaffeehausbewohner Peter Altenberg, umgeben von seiner Schönheitengalerie aus Fotos und Ansichtskarten – er schwärmte auf recht exaltierte Weise für sehr junge Mädchen. Daneben liegen zwei Mietshäuser der Wagner-Schüler Emil Hoppe, Marcel Kammerer und Otto Schönthal (Nr. 5–7, so genannte „Westermann-Häuser", 1912).

Ein weiteres Hauptwerk von Adolf Loos ist der Schneidersalon Knize (Kniže) am Graben 13. „Ein kleidungsstück ist modern", schrieb Loos (der in seinen Schriften konsequent die Kleinschreibung praktizierte), „wenn man in demselben im kulturzentrum (für Loos war das London, d.A.) bei einer bestimmten gelegenheit in der besten gesellschaft möglichst wenig auffällt." Das Problem der Wiener sei es, dass sie schön statt gut angezogen sein wollten – und Loos sah eine kulturreformerische Aufgabe darin, sie zum englischen Anzug zu bekehren. Er selbst kleidete sich bei den besten Schneidern ein, und Knize, für den er auch die Filialen in Berlin und Paris einrichtete, zählt bis heute dazu. Manchmal konnte es auch vorkommen, dass der finanziell notorisch knappe Loos seine Schneider in Naturalien – Entwürfen – bezahlte. Das über zwei Geschoße reichende Geschäft ist bis heute gut erhalten. Ein Portal aus schwarzem,

Im Obergeschoß des Modeateliers Knize, Teilansicht

poliertem Granit (die Aufschrift ist nicht original) suggeriert noble Gediegenheit und rahmt eine schmale Türöffnung. Zu beiden Seiten der Tür sorgen übereck reichende Glasvitrinen und abgerundete Granitsockel für eine Sogwirkung, die den Passanten ins Innere zieht. Hinter dem Portal liegt ein schmaler, tief ins Gebäudeinnere reichender Raum mit einem Vitrinenpult, einem Wandverbau und der Kasse. Wie so oft und gerne, hat Loos auch hier eine dramatische Raumfolge voller Dramatik und Dynamik inszeniert, die den Besucher überrascht, weiterführt und in Staunen versetzt. Am hinteren Ende des Erdgeschoßraums liegt eine schmale Wendeltreppe. Dadurch bewältigt Loos (der immer gerne an Treppen tüftelte) eine Richtungsänderung in der Raumsequenz – die Obergeschoßräume liegen als Raumfolge quer zum Erdgeschoßraum. Die an sich völlig unprätentiöse Treppe wird durch überaus raffiniert eingesetzte Spiegel optisch verdoppelt, sodass sich beim Hinaufsteigen auf einer engen Treppe die Illusion räumlicher Großzügigkeit ergibt. Die Spiegel haben aber auch ein paar handfeste Funktionen: Sie informieren über Gegenverkehr auf der Treppe – und den Geschäftsführer in seinem Kompartiment im ersten Raum des Obergeschoßes über das Treiben im Verkaufsraum. Der erste Raum im Obergeschoß ist in Art eines Herrenzimmers dunkel getäfelt. Mit seiner niedrigen Decke bereitet er den Überraschungseffekt vor, der sich ergibt, wenn man weiter geht – in eine hohe, helle Folge zweier Räume, die durch eine Galerie zusammengeschlossen werden. Das Ganze vermittelt eine sehr gediegene, fast private Atmosphäre, die zwischen englischem Herrenzimmer, Klub und Ozeandampfer angesiedelt ist. Täfelungen, Möbel und Beleuchtungskörper sind weitgehend original erhalten. ▶ Knizes benachbartes Damenmodengeschäft wurde – mit einer Verbeugung vor dem Loosschen Portal – von Paolo Piva gestaltet.

Der längsrechteckige Graben wird von der ▶ Pestsäule dominiert, die Kaiser Leopold I. 1679 für das Ende der Pest gelobte. Ab 1682 wurde sie von Matthias Rauchmiller, Johann Bernhard Fischer von Erlach, Paul Strudel, Ludovico Burnacini und anderen errichtet. Am Sockel ist der Stifter zu sehen, darüber überwindet Fides (= der Glaube) die Pest. Der Wolkenaufbau wird von der Dreifaltigkeit bekrönt. – Das Haus Graben 14–15, der Grabenhof, ist ein Frühwerk Otto Wagners von 1873 bis 1874. – Fassade und Vestibül des Hauses Graben 16 wurden von der Mosaikwerkstätte Leopold Forstner ausgestattet. – Schräg gegenüber liegt der Abgang zur unterirdischen, 1904/05 errichteten WC-Anlage, die ihren Beitrag zum seinerzeitigen hygienischen Fortschritt wegen ihres prominenten Standorts in ganz besonders luxuriöser Ausstattung präsentiert. Wilhelm Beetz, der Wiener Pionier der öffentlichen Bedürfnisanstalt, der um die Jahrhundertwende etwa 140 öffentliche WCs errichtete, hat hier wohl sein Hauptwerk geschaffen. – Weiter vorne, auf Graben 26, liegt das Juweliergeschäft Schullin I von Hans Hollein, 1972 bis 1974, mit dem typischen Motiv einer unregelmäßigen „Goldader", die einen Raster aus Granitplatten sprengt. – Auf Graben 30 befindet

Die WC-Anlage am Graben, 1904/05

sich die von Josef Hoffmann und Oswald Haerdtl 1932 gestaltete
▶ Confiserie Altmann und Kühne, eines der wenigen aus dieser
Zeit erhaltenen Wiener Geschäfte (die Schrift auf der exakt zwei-
geteilten Front ist nicht original). Hier gibt es Miniaturbonbons in
Schachteln mit Art-déco-Design.

An der Ecke zum Stephansplatz liegt Hans Holleins 1985 bis
1990 erbautes Haas-Haus. Seinen Namen hat es von einem Vor-
gängerbau, dem Warenhaus Philipp Haas und Söhne, das 1865
hier errichtet wurde. Die Krümmung seiner Fassade paraphrasiert die südwestliche Ecke der Römerstadt, während der Erker
auf die Gelenkfunktion eines heute nur mehr im Straßennamen
bestehenden Platzes namens Stock-im-Eisen hinweist, der zwischen Graben und Stephansplatz lag und mit der Regulierung
des Grabens Ende des 19. Jahrhunderts verschwand. – Der
▶ Stephansdom mit dem um 1240 entstandenen Riesentor ist
wahrscheinlich weitaus älter, als seine romanisch-gotische Er-
scheinung glauben ließe. Die Auswertung der archäologischen
Grabungen, die kürzlich stattgefunden haben, wird vermutlich
eine Revision der Dombaugeschichte, aber auch der Wiener
Stadtgeschichte nötig machen. – Die Rotenturmstraße läuft auf
eine Brücke zu, deren mittelalterliche Vorgängerin über lange
Zeit den einzigen Übergang über den seinerzeitigen Hauptarm
der Donau (seit der Regulierung ab 1873 Donaukanal) bildete. –
Zwischen Nr. 6 und Nr. 10 liegt rechts der kleine Platz Lugeck
mit dem 1896/97 von Franz von Neumann erbauten ehemaligen
Warenhaus Orendi, das über einen dreigeschoßigen Waren-
hausbereich verfügt. Die Glasfront schafft den Hintergrund für
das Gutenberg-Denkmal (Sockel von Max Fabiani, Figur von
Hans Bitterlich, 1900). – Auf Rotenturmstraße 12 liegt das 1877
von Fellner & Helmer erbaute Haus der Herzogin von Castries,
das mit den beiden gestalterisch zusammengefassten Unterge-
schoßen mit den maximierten Öffnungen wichtig für die Entwicklung der Geschäftshäuser der Jahrhundertwende war.

Am Fleischmarkt stehen einige im ersten Jahrzehnt des 20. Jahrhunderts errichtete repräsentative Wohn- und Geschäftshäuser: Der Residenzpalast von Arthur Baron (Nr. 1) fällt durch seine aufwendige Steinplattenfassade auf – und durch den wenig
gelungenen Dachausbau; Nr. 3–5 (ehemals Druckereigebäude
Steyrermühl), ebenfalls von Arthur Baron, mit einer stark aufge-
lösten Fassade mit Fenstererkern vor der Druckerei- und Büro-

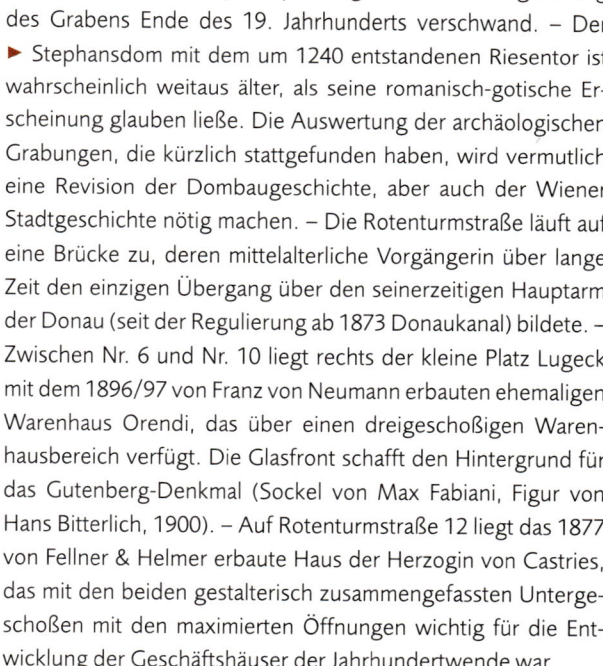

zone. Nr. 7 wurde 1898/99 von Max Kropf für den Kaffeeröster und Lebensmittelhändler Julius Meinl entworfen.

Die Postsparkasse am Georg-Coch-Platz 2 (1903 bis 1906, 1910 bis 1912) ist einer der Schlüsselbauten der Moderne überhaupt und eine der wichtigsten Arbeiten Otto Wagners. Sie steht auf dem Grundstück einer nach 1848 errichteten Kaserne und nimmt einen ganzen Block im Stubenviertel ein. Durch den Abstand von der Ringstraße und durch die symmetrische Gestaltung erhält das Gebäude eine Wirkung, die ebenso in die Tradition der kalkulierten Prospektwirkung gehört wie die Differenzierung der Dachzone. „Die Façade mit ihren Details hat den Beschauer vom Platze (…) aus zu befriedigen, während die hohen reichsilhouettierten Aufbauten ein integrierender Teil einer Vedute waren (…), um weithin sichtbare charakteristische Wahrzeichen zu bilden", schrieb Wagner. Nach außen hin präsentiert sich das Gebäude als kompakter Block mit gleich hohen Geschoßen und einem ebenso strengen wie einfachen Rhythmus von Wand und Öffnungen. Bekleidet ist dieser Block mit einer Haut aus Marmorplatten, die sich deutlich als solche deklariert und daher auch so wahrgenommen wurde – man assoziierte das Haus mit einer beschlagenen Geldkiste. Fixiert sind die Marmorplatten durch Eisenbolzen, auf die Aluminiumknöpfe aufgeschraubt sind. Diese haben selbst keine fixierende Funktion, stellen aber die Art der Plattenmontage nach außen hin dar. (Zum Problem der Fixierung hatten Wagners Schüler Fabiani und Plečnik an ihren eigenen Bauten bereits andere Varianten entwickelt.) Aluminium ist auch das Material der beiden großen Aufsatzfiguren von Othmar Schimkowitz und der Stützen des Vordachs, und als neu entdecktes zeitgenössisches Baumaterial setzte es einen sehr modernen

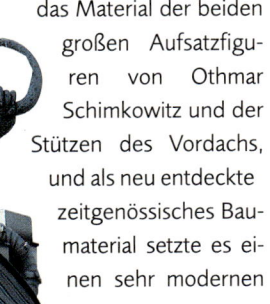

Figur von Othmar Schimkowitz auf Otto Wagners Postsparkasse, 1903–1906

Die Hauptfassade der Postsparkasse

Akzent. Die rationalistische Präzision, die sich an der Fassade an-
kündigt, kulminiert im Kassensaal, dem Herzstück des Baus. In
der Mittelachse des Gebäudes nimmt er – um ein halbes Geschoß über dem Parterre gelegen – den zentralen Hof ein. Seine
bis heute hinreißende Glas-Eisen-Aluminium-Konstruktion ist
Wagners gebautes Credo („Der Architekt hat immer aus der
Konstruktion die Kunstform zu entwickeln") und eines der Gründungswerke des architektonischen Funktionalismus. Jede Detail-
form ist aus einer funktionellen Notwendigkeit heraus entwickelt
(ein typisches Beispiel sind die Warmluftrohre der Heizungsanla-
ge, die wie Stelen rundum im Saal verteilt wurden). Der drei-
schiffige, glasgedeckte, basilikale Saal erinnert an Bahnhofshal-
len, Verkehrsbauten und Bauten der Technik; damit suggeriert er
Fortschrittlichkeit und Rationalität. Die Postsparkasse, die sich
des weit verzweigten Filialnetzes der Post bediente, um den

Der berühmte große Kassensaal

„kleinen Sparern" die Schwellenangst vor dem Geldinstitut zu nehmen, galt damals auch als besonders innovatives und fortschrittliches Geldinstitut. Auch die Möblierung des großen Kassensaals, darunter der berühmte Hocker aus fünf Bugholzringen, geht auf Entwürfe Wagners zurück. Der kleine Kassensaal, in der Mittelachse hinter dem großen Kassensaal gelegen, wurde in einer zweiten Bauphase 1910 bis 1912 errichtet. Auch die Gestaltung der (nicht zugänglichen) Direktionsetage geht auf Otto Wagner zurück. Die radikale Fortschrittlichkeit der Postsparkasse musste im antiliberalen Klima der Folgezeit in Wien ohne Nachfolge bleiben.

 Den Stubenring entlang gelangt man zum ► Museum für angewandte Kunst (MAK) (www.mak.at, Di 10 bis 24, Mi bis So 10 bis 18 Uhr), das 1863 nach dem Vorbild des Londoner South Kensington Museum (heute Victoria and Albert Museum) zur Förderung des Kunstgewerbes gegründet wurde. Handwerk und Industrie sollten durch die Vorbildwirkung der Exponate zur Qualitätssteigerung in Entwurf und Ausführung angeregt werden. Das Museum verfügt über umfangreiche Sammlungen, unter anderem zu Kunst und Kunstgewerbe der Jahrhundertwende. Das Gebäude wurde von Heinrich von Ferstel 1868 bis 1871 errichtet. In dem prächtigen Saal im Erdgeschoß hat Hermann Czech ein Café-Restaurant eingerichtet (► MAK-Café, Tel. 714 01 21, Di bis So 10 bis 2 Uhr; Garten).

Ein Besuch im gegenüber gelegenen ► Café Prückel (Tel. 512 61 15, täglich 8.30 bis 22 Uhr; Bridge, Garten) ist wegen der nahezu unveränderten 1950er-Jahre-Ausstattung (entworfen von Oswald Haerdtl, 1955) zu empfehlen – und wegen der Freundlichkeit der Kellner, die das ortsübliche Maß weit übersteigt. Das Denkmal auf dem Platz davor (von Josef Müllner, 1926/27) erinnert an den christlichsozialen Bürgermeister Karl Lueger (1897 bis 1910 im Amt), der als deklarierter Antiliberaler und Antisemit, glänzender Redner, erfolgreicher Kommunalpolitiker und „schöner Mann" unter seinen Wählern, den kleinen Handwerkern und Gewerbetreibenden, vorbehaltlose Verehrung genoss.

Im Stadtpark steht das ► Johann-Strauß-Denkmal von Edmund von Hellmer (1906, enthüllt erst 1923), das mit seinen bewegten, aus dem Floralen abgeleiteten Formen dem westeuropäischen Jugendstil nahe steht. Durch den Stadtpark fließt der

Wienfluss, dessen Verbauung in diesem Abschnitt von Josef Hackhofer und Friedrich Ohmann 1903 bis 1906 gestaltet wurde. Ohmann, in Lemberg geboren, war Assistent des Neobarock-Spezialisten Carl König am Polytechnikum gewesen und hatte in Prag unterrichtet, bevor er 1898 mit der Errichtung aller Brücken und Hochbauten im Rahmen der Wienflussregulierung betraut wurde. Der profunde Kenner barocker Architektur und Kunst war Gründungsmitglied der Wiener Secession und entwickelte einen barock inspirierten, stark plastisch durchformten Jugendstil, der in all seiner an westeuropäische Vorbilder erinnernden Lebhaftigkeit im Detail (Prag hatte sich immer stark an Paris orientiert) doch immer von der strukturellen Kontrolle des barockklassizistischen Vorbilds geprägt bleibt. Mithilfe der Barockrezeption gelangte Ohmann – im Unterschied zu den Secessionisten – ohne Zäsur vom Späthistorismus zum Jugendstil. Neue Technologien und Materialien und ihre Gestaltungsmöglichkeiten waren Ohmann ebenfalls immer ein Anliegen, und 1904 übernahm er die zweite Meisterklasse für Architektur an der Akademie (Otto Wagner führte die erste).

Ohmanns Arbeiten haben meist einen besonders liebenswürdigen und heiteren Unterton, der bei einer Aufgabe wie einer Gartengestaltung ganz besonders in den Vordergrund tritt. Tatsächlich galt es aber, ein schwieriges städtebauliches Problem zu lösen: Das Wienflussportal am Westende des Stadtparks, das den Austritt des Wienflusses aus seinem unterirdischen Bett zele-

Die Wiental-Verbauung im Stadtpark, 1903–1906

Details von Stadtpark und Stadtbahn

briert, musste einen Ausgleich zwischen der Lothringerstraße und dem gegenüber einem früheren Projekt verschwenkt geführten Wienfluss schaffen. Unmittelbar neben dem Wienflussportal liegt Otto Wagners Stadtbahnstation Stadtpark, eines der am besten erhaltenen Stationsgebäude (zur Typologie vgl. ▶ Seite 17). Der Einschnitt für den Gleiskörper ist bis heute (ähnlich wie in den Stationen Schönbrunn und Stadthalle) mit den typischen großen Hausteinen verkleidet, die mit den weißen Wandflächen der Stationsgebäude und den filigranen Stützen der Perrondächer wirkungsvoll kontrastieren und den Bereich des „Unterirdischen", in dem die Gleise verlaufen, symbolisch thematisieren.

Eigentlich ist der Innenstadt-Rundgang hier zu Ende, es lohnt sich aber, einen Abstecher in den 3. Bezirk zu machen. Man kann zu Fuß gehen oder mit der Straßenbahnlinie 0 (Haltestelle hinter dem Stadtpark am Beginn der Ungargasse) zwei Stationen stadtauswärts fahren. Auf Ungargasse 59–61 befindet sich Max Fabianis Haus Portois & Fix, das der vielseitige Triestiner Wagner-Schüler 1899/1900 für einen renommierten Möbelhersteller als Wohn- und Geschäftshaus mit Fabrikanlage (ursprünglich hofseitig; zerstört) errichtet hat. Mit der 41 Meter langen Fassade aus völlig glattem, schimmerndem Pyrogranit ist es natürlich auch eine Antwort des Schülers (und Mitarbeiters) auf das „Majolikahaus" des Lehrers an der Linken Wienzeile (▶ Seite 25). Wie dort, so wird auch hier die Fassade als Tafel gesehen, die vor das eigentliche Gebäude gesetzt wird – die Attika mit den hakenartigen Agraffen, die auf die Fassade übergreifen, lässt sich wie eine Paraphrase auf einen Vorhang (und damit auf die moderne Fassade als vor-gehängtes, nicht tragendes Element) lesen. Anders als Wagner hat sich Fabiani nicht für ein florales, sondern für ein geo-metrisches Muster entschieden, das auf das Engste mit der Wahl einfärbiger Platten als kleinstem Element zusammenhängt. Dazu kommt, dass die Platten auf jede Veränderung im Lichteinfall rea-gieren und einen changieren-den, geradezu entmaterialisier-ten Gesamteffekt ergeben – „La-gunenarchitektur" hat Fabianis Biograf M. Pozzetto diese Fassa-de genannt, die von den an Putz-fassaden gewohnten Zeitgenos-sen in ihrer spiegelnden Härte und Glätte als radikal neu emp-funden wurde. Die Fassade wird in den drei Obergeschoßen von einfach eingeschnittenen Recht-eckfenstern in gleich bleibenden

Das Haus Portois & Fix,
1899/1900

Abständen durchbrochen. Die beiden Rhythmen von Fenster-raster und Plattenornament werden hier aber nicht, wie beim „Majolikahaus", voneinander überlagert, sondern synchroni-siert, sodass sich ein harmonisches System ergibt, das sich wegen seines Rastercharakters beliebig in alle Richtungen fort-setzen ließe. Um dies deutlich zu machen, schneidet Fabiani die äußersten Rapports links und rechts an zwei unterschiedlichen Stellen im Muster, beide Male weder am Rand noch in der Mit-te. Auch die zweigeschoßige Geschäftszone ist mit abwech-selnd schmalen und weiten Pfeilerabständen so gegliedert, dass der Rhythmus der Plattenfassade unterstrichen wird. Keines der zahlreichen ausgeklügelten Details an der Fassade hat nur deko-rative Funktion; die bronzenen Raffungen unter den Fenster-stürzen schützten die dahinter angebrachten Stoffrollos, die Halterungen für die Regenrinnen sind formal aus ihrer Funktion entwickelt usw. Viele von diesen Details sind leider verloren gegangen oder wurden nicht richtig ergänzt, wie zum Beispiel die Verkleidung in der Geschäftszone und die grob reduzierten Lampenhalterungen. Wegen seiner Modernität hatte das Haus keine Nachfolge in Wien. Lediglich Adolf Loos reagierte mit seinem Haus am Michaelerplatz auf die von Fabiani präsentierte Lösung der Kombination von Geschäfts- und Wohnzone – mit einer Antwort, die das Trennende an die Stelle des Verbindenden setzte.

Die unweit gelegene Dapontegasse mit dem anschließenden Dannebergplatz, ebenfalls ab 1900 entstanden, gehört zu den am besten erhaltenen Straßenzügen der Jahrhundertwende und steht für die konventionelle Seite des Bauens um 1900. Der Park am Ende der Gasse ist ein Rest eines barocken Parks, den die Familie Esterházy 1785 hier anlegen hatte lassen. Im Park stehen unübersehbar zwei 1943/44 errichtete Flaktürme, Beton-Monolithe aus dem Zweiten Weltkrieg, die als Geschütztürme errichtet wurden. Einer davon dient dem ▶ Museum für angewandte Kunst als Depot (Führungen von Mai bis November jeden ersten Donnerstag im Monat um 17 Uhr. Telefonische Anmeldung unter 711 36-248). – Auf dem Weg zur nächsten U-Bahn-Station (Rochusmarkt, U3) liegt der Karl-Borromäus-Platz mit dem gleichnamigen Brunnen, dessen Gestaltung auf Jože Plečnik zurückgeht. Anlässlich des 60. Geburtstags von Bürgermeister Karl Lueger, der seine Karriere im 3. Bezirk begonnen hatte, entwarf er 1906 (als er den Auftrag von dem ursprünglich 1904 da-

Der dekorative Karl-Borromäus-Brunnen, 1906

mit betrauten Josef Engelhart übernahm) eine sehr intime und atmosphärische Konzeption, die sich allegorisch auf Luegers Namenspatron, den hl. Karl Borromäus, bezieht. Der Gesamtentwurf, der Akanthussockel des Obelisken und die vier Schalen auf der Einfriedung stammen von Plečnik selbst, die Bildhauerarbeiten von Josef Engelhart, die Steinmetzarbeiten von Eduard Hauser und die Erzgüsse von A. Frommel. Plečnik war sich seiner Sache nicht ganz sicher – er bezeichnete den Entwurf selbst als „wild" – und hoffte, über die Einbindung in den baulichen Kontext der Umgebung „die Fehler verschwinden lassen" zu können. Durch das Absenken des Brunnenrondeaus schuf er verschiedene Niveaus für die Betrachtung der Figuren, und die Pappeln schirmen die Anlage noch zusätzlich von den Straßen ab.

Vor der U-Bahn-Station liegt ein kleiner Markt, der ▶ Rochusmarkt, der seinen Namen von der gegenüberliegenden Kirche St. Rochus hat.

Hietzinger Villen

Ausgangspunkt: U4-Station Hietzing
Dauer: ca. 4 Kilometer, je nach Tempo und Aufenthalts-
dauer ca. 1,5 Stunden
Die Route: Hofpavillon der Stadtbahn – Haus Weidmann
von Plečnik – „Schokoladehaus" von Lichtblau – Villa
Schopp von Ohmann – Villa Skywa-Primavesi von Hoffmann
– Haus Scheu von Loos – Haus Langer von Plečnik – Häuser
Steiner, Strasser und Rufer von Loos – Villa Wustl von
Oerley

Die zweite Route führt in ein bürgerliches Wohnviertel und
kreist daher um das Thema Villa/Einfamilienhaus. Die bespro-
chenen Häuser sind alle bewohnt und können nicht von innen
besichtigt werden; bitte respektieren Sie die Privatsphäre der
Bewohner. – Hietzing, am westlichen Stadtrand gelegen, war
ursprünglich eine dörfliche Siedlung und wurde erst Ende des
19. Jahrhunderts im Rahmen der zweiten Stadterweiterung
nach Wien eingemeindet. Von großer Bedeutung für das Gebiet
war die Errichtung des kaiserlichen ► Schlosses Schönbrunn.
Johann Bernhard Fischer von Erlach errichtete hier ab 1696 für
den späteren Kaiser Joseph I. eine der bedeutendsten barocken
Schlossanlagen Europas. Kaiserin Maria Theresia, die hier stän-
dig residierte, ließ die Anlage ab 1743 durch Nikolaus Pacassi
und andere nochmals ausbauen. Die Präsenz des Hofes in
Schönbrunn machte das nahe gelegene Hietzing bald zu einer

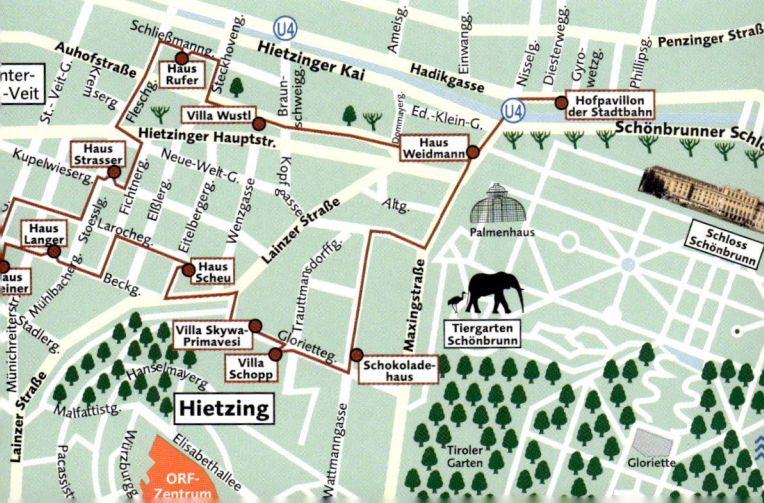

begehrten Sommerfrische. Bis heute sind im näheren Umfeld von Schönbrunn zwischen Altgasse und Gloriettegasse einige Villen und Landhäuser des Klassizismus und Biedermeier erhalten. Ein weiterer Bauboom führte in der Spätgründerzeit zur Verbauung des Gebietes, das unmittelbar westlich an den Schönbrunner Schlosspark anschließt und in Anlehnung an ein ähnliches, etwas früher im 19. Bezirk entstandenes Villengebiet als „Hietzinger Cottage" bezeichnet wurde.

Der Rundgang beginnt am Hofpavillon der Stadtbahn (heute Außenstelle des Wien Museums, mit kleiner Otto-Wagner-Dokumentation. Di bis So 13.30 bis 16.30 Uhr; mit dem Aufzug am stadtseitigen Ende der U-Bahn-Station an die Oberfläche, dann ca. 100 Meter stadteinwärts). Mit der Regulierung des Wientals ab dem Ende des 19. Jahrhunderts und der Erbauung der Stadtbahn war nun auch das kaiserliche Schloss Schönbrunn mit einem öffentlichen Verkehrsmittel erreichbar, und zum ausschließlichen Gebrauch des Hofes entwarf Otto Wagner aus eigenem Antrieb und ohne ausdrücklichen Auftrag 1898/99 einen Pavillon, der vom üblichen Schema der Stationsbauten abweicht. Zwar liegt das Gebäude ebenso wie die anderen Stationen im Wiental unmittelbar über dem Gleiskörper; Grundriss, Silhouette und Dekor weisen ihn aber als etwas Besonderes aus. Man betritt den Pavillon von Süden über eine überdachte Rampe mit Schmiedeeisengitter. Der zentrale achteckige Wartesaal hat eine sehr gut erhaltene (restaurierte) Ausstattung mit Mahagonitäfelungen, Seidentapeten und einem Gemälde (Vogelschau von Wien) von Carl Moll. Rechts vom Wartesaal lagen die

Exklusiv für den Kaiser: der Hofpavillon, 1898/99

Im Inneren des Hofpavillons

Räume der kaiserlichen Suite, links die Abgänge zu den Perrons, die von langen Mauerwangen nach außen hin abgeschirmt werden. Insgesamt steht der Bau sehr viel stärker dem westeuropäischen Jugendstil nahe als die meisten anderen Arbeiten Wagners. Vielleicht lag das an der Bauaufgabe, die die Gestaltung eines „noblen", opulent ausgestatteten Ambientes forderte. Die barocken Anklänge, die vor allem in der Kuppel deutlich werden, können als eine Konzession an den offiziellen kaiserlichen Repräsentationsstil, das Neobarock, interpretiert werden. Die Baugenehmigung enthielt die Forderung, dass „dieses Projekt (…) mit dem Stile des Lustschlosses Schönbrunn in Einklang gebracht werde". Einen „ästhetischen Hofknicks" hat F. Achleitner diese Annäherung an das Barock genannt. Otto Wagners sehnlicher Wunsch nach einem kaiserlichen Auftrag sollte sich aber trotzdem nie erfüllen. Im Detail steht der Dekor stilistisch der Frühphase der Secession vor 1900 sehr nahe, als noch die kurvilinearen Motive dominierten. Vom Kaiser selbst wurde der Pavillon nur zweimal – zur Eröffnung von Stadtbahnteilstrecken 1899 und 1902 – benützt. Im Hietzinger Cottage hat Wagner, der als vehementer Befürworter der modernen Großstadt die Villenviertel wegen der „maßlosen Anhäufung einer Bautype" ablehnte, nicht gebaut.

In der Hietzinger Hauptstraße 6 liegt das (leider stark veränderte) Haus Weidmann. Bauherr war der Antiquitätensammler und Galanteriewarenhersteller Weidmann, ein Onkel des Komponisten Alban Berg, der kurz auch hier wohnte. Weidmann lernte

Plečnik im Atelier Otto Wagners kennen und beauftragte ihn 1902 mit der Umgestaltung seines Hietzinger Hauses. Vielleicht regte die Nähe von Schloss Schönbrunn Plečnik zur einer Art Palaisfassade an, die er ursprünglich mit einer hohen Attika aus schuppenartig hintereinander gelegten Rundzinnen bekrönen wollte, um das Dach zu verbergen – ein Motiv, das an spätmittelalterliche venezianische Paläste erinnert. Als sich der Bauherr entschloss, auch das Dachgeschoß zu nutzen, musste die ursprünglich fensterlose Attika einem Mansardgeschoß weichen. Plečnik konzipierte dafür einen durchbrochenen, stark plastischen Gebälkbereich, der die Fassade stark kopflastig macht und ihr eine barocke Note verleiht, nicht zuletzt wegen der Putten, die an den Pfeilern herumturnen (zu viele Putten, befand Otto Wagner). Aus Plečniks Aufzeichnungen geht hervor, dass er sich damals, unzufrieden mit seiner Arbeit und vom Bauherrn unter Druck gesetzt, mit historischen Vorbildern beschäftigte: „Deshalb gehe ich gerne in die Stadt, suche alte Plätze auf – die alten Palais der Liechtensteins – der Kinskys – und genieße das Leben der längst Verstorbenen – welche Kraft – welche Plastizität, wie ist doch alles üppig – voll – und so proportioniert – aus diesem Grunde meide ich die ruinenhafte Moderne (...)", schrieb er. Mit der Orientierung an Vorbildern aus der Architekturgeschichte distanzierte sich Plečnik bereits von der Secession, die das Heil nur im Bruch mit der Vergangenheit und in der Schaffung eines neuen Stils sah. Er bereitete damit schon den historisierenden Weg vor, der von den Wagner-

Putten am Weidmann-Haus, 1902

Schülern nach 1910 als der modernere eingeschlagen werden sollte. – Plečnik errichtete weiters im Hof eine Garage, setzte eine Pergola darauf und richtete den Salon des Hauses mit eigens entworfenen Möbeln ein. Im Hof besteht noch die Front des ehemaligen Wintergartens, mit einem großen Fenster und zwei Pfeilern mit Puttenaufsätzen. Teile des Untergeschoßes und der Einfahrt wurden bereits 1921 umgestaltet.

Die Hietzinger Hauptstraße folgt in ihrem unteren Abschnitt der westlichen Grenze des ► Schönbrunner Schlossparks (April bis Okt. 6, Nov. bis März 6.30 Uhr bis Einbruch der Dunkelheit). An seinem Rand liegt auf Nr. 1A das um 1754 für Kaiserin Maria Theresias Leibarzt Gerard van Swieten erbaute Kaiserstöckl (heute Postamt). Dahinter befindet sich das Hietzinger Tor des Parks, über das man zum prachtvollen, 1880 bis 1882 als Glas-Eisen-Konstruktion erbauten ► Palmenhaus (Mai bis September 9.30 bis 18, Oktober bis April 9.30 bis 17 Uhr) gelangt. Dahinter liegt der ► Schönbrunner Tiergarten, der seit 1751 besteht (November bis Jänner 9 bis 16.30, Februar 9 bis 17, März und Oktober bis Ende der Sommerzeit 9 bis 17.30, April 9 bis 18, Mai bis September 9 bis 18.30 Uhr). Das „Hietzinger Platzl" mit der Pfarrkirche ist ein Relikt der alten Siedlung, die hier seit dem 12. Jahrhundert besteht. An der Maxingstraße links liegen einige zweigeschoßige Gebäude, die um 1800 als Unterkünfte für Bedienstete des Kaiserhofes errichtet wurden. – In der Trauttmansdorffgasse gibt es noch einige Häuser aus der Zeit um 1800, als Hietzing als Villenvorort in Mode kam (z.B. Nr. 14).

In der Wattmanngasse fällt die extravagante Fassade von Haus Nr. 29 auf. Das Haus Hofmann ist wegen seiner Fassade mit den glänzend braun glasierten Majolikareliefs als „Schokoladehaus" bekannt. 1914 von dem Otto-Wagner-Schüler Ernst Lichtblau entworfen, illustriert es die erstaunliche gestalterische Bandbreite der Wagner-Schule. Kräftige Majolikagesimse verklammern die Fensterreihen der Geschoße und deuten die reliefgeschmückten Wandstücke dazwischen zu Pfeilern um. Dadurch ergibt sich ein Vorläufer des Fensterband-Motivs, eines Lieblingsmotivs der internationalen Moderne. Die Reliefs sind Arbeiten des Bildhauers Willy Russ und werden von märchenhaften Tier- und Pflanzenfiguren, Ornamenten und Pflanzenmotiven bevölkert. Sowohl die Sujetwahl als auch die formale Ausführung erinnern an Motive der Volkskunst. Otto Wagners Studenten, die aus allen Gegenden und Ethnien der Vielvölkermonarchie kamen, hatten sich seit jeher für die Volkskunst interessiert, aber auch die Secession erhoffte sich Inspirationen aus dem vermeintlich unverfälschten und unverbrauchten Repertoire der Volkskunst. Die Diskussion um das Kunstgewerbe verstärkte das Interesse an der traditionellen Gestaltung von Gebrauchsgegenständen, und die tagespolitische Motivation kam aus den verschiedenen Nationalismen, die schon seit der Revolution von

Detail vom Schokoladehaus, 1914

1848 an Bedeutung gewonnen hatten. Die Volkskunst lag also gewissermaßen „in der Luft". Die Wiener Werkstätte wurde 1903 von Josef Hoffmann als Produktionsgenossenschaft von Kunsthandwerkern gegründet. Inspiriert wurde sie von der englischen Arts-and-Crafts-Bewegung, die Kunst und Kunstgewerbe durch eine Absage an industrielle Produktionsmethoden und die Wiederbelebung der handwerklichen Praxis reformieren wollte. Damit hoffte man, Lebensraum und Lebensqualität der Menschen verbessern zu können. Allerdings erreichten die wegen der handwerklichen Anfertigung sehr teuren englischen Produkte nur finanzstarke Kreise, und der sozialreformerische Aspekt des Unternehmenes blieb auf der Strecke. Auch die Wiener Werkstätte produzierte für ein fortschrittlich eingestelltes großbürgerliches Publikum. Die Designer knüpften gerne an Motive der Volkskunst an und brachten diese in einer sehr eleganten und raffinierten, auf das Art déco der 1920er-Jahre vorausweisenden Form in Mode. Ernst Lichtblau hatte selbst um 1910 für die Wiener Werkstätte gearbeitet, sollte aber später einen ganz anderen Weg einschlagen. Das „Schokoladehaus" fand Anklang und wurde 1914 mit einem Architekturpreis ausgezeichnet. Wegen seiner bizarren Extravaganz fand es keine unmittelbaren Nachfolger, aber an einigen Gemeindebauten der Zwischenkriegszeit taucht keramisches Material als plastischer Akzent wieder auf. Einen besonders ausgefallenen Eindruck bietet die Fassade übrigens aus der unmittelbaren Untersicht. – Ernst Lichtblau leitete 1920 bis 1928 seine eigene Designwerkstätte und übernahm 1928 die Beratungsstelle für Wohnungsreform der Gemeinde Wien, die die Bewohner der kommunalen Wohnbauten in Einrichtungsfragen beriet. In der Zwischenkriegszeit gehörte Lichtblau, der sich inzwischen der internationalen Moderne angenähert hatte, zu den fortschrittlichsten Architekten Österreichs; er baute unter anderem in der Werkbundsiedlung (13. Bezirk, Jagdschloßgasse 88–90). 1939 flüchtete er vor den Nazis in die USA und unterrichtete an der Rhode Island School of Design.

Ganz in der Nähe, in der Trauttmansdorffgasse 48 und 50, liegen zwei weitere interessante Häuser der Zeit um 1905 bis 1910. Nr. 48 ist eine Arbeit des Wagner-Schülers Eugen Felgel von Farnholz und zeigt bereits die um 1910 modernen Neo-Empire-Formen. Nr. 50, der Fürstenhof, stammt von Hans Dvorak (auch Dworak, Dvořak, Dworschak), einem Architekten, über den kaum etwas bekannt ist, der sich aber mit seinem unverkennbaren Personalstil mehrfach in Wien verewigt hat. Vieles an seinen Arbeiten erinnert an die Wagner-Schüler, zum Beispiel an die Bauten Karl Fischls. Manches, wie der überaus stark differenzierte, aber immer blockgebundene Putzdekor, erscheint eher secessionistisch, aber immer sind Dvoraks Häuser unverkennbar. Es wäre gar nicht nötig gewesen, sie immer säuberlich zu signieren (hier an einer unübersehbaren Tafel im Foyer).

In Achse der Trauttmansdorffgasse liegt die repräsentative Villa Schopp (Gloriettegasse 21), die Friedrich Ohmann und Josef Hackhofer 1900 bis 1902 errichtet haben. Die Neobarock-Spezialisten, deren Hauptwerk die Gestaltung des Wienflussbetts im Stadtpark war (▶ Seite 65), haben vor allem den Bereich an der Straße recht auffallend gestaltet, denn so expressive und bewegte

Adlerrelief am Pförtnerhaus der Villa Schopp, 1900–1902

Formen wie jene an den Schmiedeeisentoren, die an die frühen Arbeiten des Katalanen Antoni Gaudí erinnern (etwa an das Tor der Finca Güell in Barcelona, 1885), kommen im Wiener Jugendstil sonst kaum vor – am ehesten noch bei Plečnik (Haus Langer, ▶ Seite 81). Das Pförtnerhäuschen an der rechten Seite des Grundstücks hat ein Spionfenster mit einem Relief, das mehr als beredt über seine Funktion Auskunft gibt: Dem Adlerauge des Pförtners soll nichts entgehen. Die Villa selbst, von der Straße zurückgesetzt, ist ein Umbau eines älteren Gebäudes; daher liegen hinter der Straßenfassade nur Nebenräume und ein kleiner Salon. Für die Straßenfront haben sich die Architekten für Empire-Anklänge entschieden – ein Mansarddach mit Fernwirkung, symmetrische Gliederung und ein flaches Fassadenrelief mit fein differenzierten Putzflächen. Die starke Blockbindung des Dekors ist zwar einerseits ein Ergebnis der Stilwahl, entspricht aber andererseits den gleichzeitigen Vorlieben der Secessionisten, die sich um 1900 von den kurvilinearen Jugendstilformen ab- und einem stärker geometrischen, englisch inspirierten Formenvokabular zuwandten. Die Rückseite der Villa öffnet sich mit den Wohnräumen und einer Loggia zum Garten und hat eine intimere, stärker süddeutsch-barocke Note.

Schräg gegenüber liegt auf Gloriettegasse 14–16 eines der Hauptwerke von Josef Hoffmann, die Villa Skywa-Primavesi von 1913 bis 1915. Bauherr war der Großgrundbesitzer und Großindustrielle Robert Primavesi, der das Haus mit seiner Gefährtin Josefine Skywa teilte. Die Villa, eigentlich fast schon ein Gartenpalais, markiert den opulenten Endpunkt jener Ästhetisierung des Lebensraums, die von der Secession ausgegangen war, von Hoffmanns Wiener Werkstätte übernommen wurde und von aufgeschlossenen und finanzkräftigen großbürgerlichen Kreisen getragen wurde. Josef Hoffmann kam aus Mähren, wo er zeitweise Schulkollege von Adolf Loos gewesen war, seinem

Giebelrelief von der Fassade der Villa Skywa-Primavesi

Ein repräsentatives Gartenpalais – Villa Skywa-Primavesi

späteren erbitterten Gegner, mit dem er jedoch trotz allem nicht wenige Berührungspunkte hatte. Er schloss sein Studium bei Otto Wagner ab und arbeitete in dessen Atelier an der Stadtbahn mit. Als Gründungsmitglied der Secession war er maßgeblich an der 8. Ausstellung des Jahres 1900 beteiligt. Dort wurden Arbeiten der schottischen Künstler um Charles Rennie Mackintosh gezeigt, die mit ihrer herben, reduktionistischen Ästhetik die Secession, aber vor allem Hoffmanns eigene Arbeit stark beeinflussen sollten. Ein weiterer Schwerpunkt seiner Interessen lag bei der anonymen Architektur des Mittelmeerraums, die er während einer Reise nach Capri kennen gelernt hatte. In einem Aufsatz brachte er seine Vorstellungen auf den Punkt: Dem Vorbild Englands folgend, „sollten wir unsere Kunstformen immer und immer wieder in unserem eigenen Wesen zu suchen wissen". Hoffmann, der die Secession 1905 zusammen mit der Klimt-Gruppe verlassen hatte, setzte sich ab diesem Zeitpunkt auch für die Volkskunst als Basis für einen neuen Stil ein, der jenen der Secession ablösen sollte. Bei der Villa Primavesi sind Hoffmanns Ansätze gut nachvollziehbar. Die repräsentative Fassade der Villa ist eine stark monumentalisierte Paraphrase auf die Landhäuser des Klassizismus und Biedermeier – symmetrisch, mit Giebelrisaliten und kleinteiligem Reliefdekor. Die durchgehenden Wandvorlagen haben ein kompliziertes Relief, das sensibel auf den Lichteinfall reagiert und dadurch die Oberfläche strukturiert. Die Figuren an der Fassade stammen von Anton Hanak. Die Strenge der Straßenfassade findet keine Fortsetzung in den weiteren Fronten, denn der asymmetrische Hausgrundriss, von englischen Landhäusern beeinflusst, bedingt gartenseitig eine relativ freie Artikulation der Raumkuben am Außenbau. – Eine inszenierte Raumfolge, durch raffinierten Einsatz der Dekormotive rhythmisiert, begleitet den Besucher von der Straße in die Gesellschaftsräume der Villa, deren opulente Eleganz einen wesentlichen Teil der großbürgerlichen Selbstdarstellung unmittelbar vor dem Ersten Weltkrieg ausmachte. Neben Anleihen aus der Volkskunst (z.B. Holztäfelung in der großen Halle) hat Hoffmann hier auch orientalisierende Motive verwendet, da der Bauherr das Orientalische schätzte. Erstklassig verarbeitete edle Materialien schufen eine Atmosphäre gediegenen Reichtums; seine diesbezügliche Visitenkarte hatte Hoffmann kurz zuvor mit dem Palais Stoclet in Brüssel abgegeben. Das Haus wurde bereits 1929 verändert, während des Zweiten Weltkriegs beschädigt und danach als Schulungsheim des Gewerkschaftsbundes adaptiert. Von der ursprünglichen Möblierung ist wenig erhalten. – Der Garten, mit Rücksicht auf alten Baumbestand ebenfalls von Hoffmann entworfen, ist ein wichtiger Bestandteil der Gesamtkonzeption der Villa. In seinem unteren Teil gibt es unter anderem eine Pergola mit einem Teehäuschen und einem Wasserbassin sowie Skulpturen von Anton Hanak und Ferdinand Andri.

Eine der wichtigsten Arbeiten von Adolf Loos ist das Haus Scheu (Larochegasse 3) von 1912/13. Ein Jahr älter als die Villa Primavesi, zeigt es, welch gegensätzliche Positionen in der Wiener Architektur unmittelbar vor dem Ersten Weltkrieg bestanden – und wie gegensätzlich die Positionen innerhalb der bürgerlichen Schicht selbst waren. Loos baute das Haus für Dr. Gustav Scheu, der Sozialdemokrat und Bewunderer der englischen Gartenstadtbewegung war. Er engagierte sich in Fragen der Wohnraumbeschaffung und wurde 1919 bis 1923 sozialistischer Stadtrat für Wohnbaufragen. Sein Haus in der Larochegasse wurde bald zum Treffpunkt der führenden Köpfe der Siedlerbewegung. Adolf Loos wurde auf seinen Vorschlag hin 1921 zum Chefarchitekten des Siedlungsamtes ernannt. Möglicherweise war es der Einfluss des Bauherrn, der die Ausführung des eingereichten Plans überhaupt erst ermöglichte, denn mit seinen Terrassen und Flachdächern war das Haus 1912 eine provokante Ungeheuerlichkeit, extrem fremd und exotisch – dergleichen

Haus Scheu von Adolf Loos, 1912/13

hatte man in Wien noch nie gesehen. Flachdächer und Terrassen galten bis dahin des Klimas wegen für ungeeignet, wurden aber mit der Erfindung des Holzzementdachs und des Asphalts machbar. Loos hielt das Flachdach für das beste, billigste und dauerhafteste, und die Architekten des Internationalen Stils sollten ihm etwas später darin folgen. Das Gebäude steigt in drei Stufen an, denn den Schlafräumen sind östlich Terrassen vorgelagert (vielleicht zum Schlafen im Freien, wie man es zu Beginn des Jahrhunderts gerne tat). Anrainer und Behörden forderten laut Baukonsens einen Bewuchs der Fassade mit Kletterpflanzen und einen Bebauungsplan für das angrenzende Grundstück. Loos zeichnete dafür einen nicht ganz ernst zu nehmenden Entwurf mit einem Tonnendach, der als „Scheu-Lokomotive" in die Annalen einging. Die strenge, glatte Fassade machte zusammen mit dem Flachdach und den Terrassen einen orientalischen Eindruck, und Loos bearbeitete das Thema 1923 in einem nicht ausgeführten Projekt mit dem Titel „Hotel Babylon" weiter. Das Haus Scheu wurde auch von Loos ausgestattet und eingerichtet. Das Haus Larochegasse 13, ebenfalls erbaut 1912/13, ist eine Arbeit des Hoffmann-Schülers Carl Witzmann.

Das Haus Langer, Beckgasse 30, ist ein Frühwerk von Jože Plečnik aus den Jahren 1900/01. Das Haus war vom Bauherrn, dem Baumeister Langer, schon begonnen worden; Plečnik zeichnete vor allem für die Fassade verantwortlich. Es ist keine Villa, sondern ein Mietshaus mit Wohnungen und Plečniks erste selbstständige Arbeit. „Wenn ich mich als Junger nicht austobe,

Eine Rosenfassade von Plečnik für das Haus Langer, 1900/01

werde ich mich niemals läutern", kommentierte Plečnik das konfliktreiche Unterfangen, das von ständigen Differenzen mit dem Bauherrn begleitet war. Die Salons waren in der linken Gebäudehälfte vorgegeben, was Plečnik durch die modernen Bay-Windows nach außen hin anzeigt, und die Fensterformate werden nach rechts hin immer kleiner – bis zu den Küchenfenstern, denen eine eigene Achse am Außenbau entspricht. Die Trennung zwischen repräsentativen Wohnräumen und funktionellen Versorgungsräumen wird durch die Anordnung des bewegt-expressiven Rosen-Wellen-Ornaments (mit in den Putz eingesetzter Keramik) hervorgehoben, denn Plečnik lässt es vor der Küchenfenster-Achse abbrechen. Dadurch und durch das Absetzen der dekorierten Fläche von der Dachtraufe entsteht zusätzlich der Effekt eines teppichartigen, vorgehängten Textils im Sinn der Bekleidungstheorie (▶Seite 43). Die plastische und asymmetrische Durchbildung des Baukörpers, an der auch die Fenster teilhaben, und das ebenfalls recht plastische Ornament stehen dem westeuropäischen Jugendstil so nahe wie nur wenige Wiener Arbeiten. Es heißt, dass Antoni Gaudí in Barcelona die Zeitschrift *Der Architekt,* das publizistische Organ der Wagnerschule, sammelte – ob und wie gut Plečnik die stark expressiven Arbeiten des Katalanen kannte, ist nicht bekannt. Aber auch französische Arbeiten standen Pate: An der Kante zu den Küchenfenstern befindet sich im zweiten Stock ein vollplastischer Gänsekopf, den der Plečnik-Biograf D. Prelovšek mit dem Seepferd an Hector Guimards Castel Béranger in Paris in Zusammenhang gebracht hat. Auch die Einfriedung des Vorgartens und das Tor stammen von Plečnik.

Das Nebenhaus (Beckgasse 32) wurde von Carl Witzmann 1911/12 entworfen. Nr. 38 hat der Wagner-Schüler Franz Krásny 1904 für sich selbst erbaut.

Gleich um die Ecke, auf Sankt-Veit-Gasse 10, befindet sich der erste Wiener Villenbau von Adolf Loos, das Haus Steiner von 1910. Loos, der kurz zuvor mit dem Haus Goldman & Salatsch am Michaelerplatz zum Enfant terrible der Wiener Architekturszene avanciert war, erregte mit dem eigenwillig gestalteten Baukörper erneut Aufsehen. Das frei stehende Einfamilienhaus präsentiert sich zur Straße hin als eingeschoßiger Bau mit ausgebauter Mansarde, zum Garten hin ist die tatsächliche Geschoßzahl – drei Vollgeschoße mit unterschiedlichen Raumhöhen, aber durchgehenden Geschoßdecken über einem Souterrain – deutlich ablesbar. Als Vermittler dient das Tonnendach mit dem Viertelkreisschnitt. Zwar war es 1954 durch ein Pultdach ersetzt worden, die originale Tragkonstruktion darunter blieb aber erhalten, sodass 1994 ein Rückbau durchgeführt werden konnte. Der Grund für die ausgefallene Lösung lag in der Bauvorschrift, die hier nur ein Vollgeschoß mit Mansarde gestattete. Beide Fassaden sind streng symmetrisch gestaltet, und durch den Einsatz unterschiedlicher Fensterformate ergibt sich ein starker grafischer Rhythmus. Die Baubehörde vermisste malerische Zutaten wie Türmchen und Erker und verweigerte zunächst die Baugenehmigung. Die internationale Moderne sollte das Haus später

Das Tonnendach erregte Aufsehen: Haus Steiner von Adolf Loos, 1910

als eines ihrer Gründungswerke vereinnahmen, wogegen sich Loos allerdings vehement zur Wehr setzte, denn viel mehr als auf formale Gestaltungsprinzipien kam es ihm auf das Sichtbarmachen der inneren Disposition am Außenbau an. Im Inneren hat Loos wahrscheinlich zum ersten Mal das für seine späteren Villen typische Prinzip der inneren Wegführung gestaltet: Unterschiedliche Raumdimensionen und kontrastierende Raumabfolgen sorgen für überraschende Effekte. Das Haus Steiner betritt man durch die Mittelachse, aber unmittelbar dahinter wurde die Wegführung ursprünglich zu den Seiten hin kanalisiert.

Ein weiteres Haus von Adolf Loos liegt in der Kupelwiesergasse 28. Eigentlich handelt es sich beim Haus Strasser um den Umbau einer 1896 errichteten Villa, Loos hat aber hier 1918/19 radikal in die bestehende Struktur eingegriffen. Das Haus Strasser ist eine direkte Vorstufe für den konsequent ausformulierten Raumplan (►Seite 85), wie er zum ersten Mal 1922 im Haus Rufer (siehe rechts) ausgeführt wurde. Die Gestaltung des Äußeren ist beim Haus Strasser durch die innere Raumdisposition bestimmt: Jeder Raum artikuliert sich nach außen, ohne Rücksicht auf die Ausbildung von Schaufassaden. Loos gestaltet hier ein quasi organisches Prinzip: Jeder Teil zeigt sich im Ganzen in der Form seiner Funktion. Damit gerät er ganz in die Nähe der gleichzeitigen Arbeiten des amerikanischen Architekturpioniers Frank Lloyd Wright, ohne sich diesen formal anzunähern.

Das Haus Rufer in der Schließmanngasse 11, 1922 erbaut, gilt als das ideale Raumplanhaus mit „Manifestcharakter" (F. Achleitner).

Im Hietzinger Cottage: Haus Strasser, 1918/19

Die Quaderform des Äußeren (10 : 10 : 12 m) ist hier nicht a priori gestaltete Kunstform, sondern resultiert aus der raffinierten Raumdimensionierung und -anordnung in der Horizontalen ebenso wie in der Vertikalen – mit dem Kamin als mittlerer Stütze. Die Fenster geben nicht nur Auskunft über die Funktion der Räume dahinter, sondern auch über ihre Dimensionen. Nach dem von Loos entwickelten Raumplankonzept gehört zu jedem Raum eine bestimmte Höhe und Fläche, sodass räumliche Großzügigkeit „auch ohne überflüssigen Raum und ohne konstruktiven Mehraufwand zu erzielen ist" (O. Uhl).

Raumplan verwirklicht:
Haus Rufer, 1922

In der Auhofstraße 13–15 bzw. in der Hietzinger Hauptstraße 40 (Vorderansicht) liegt die großzügige Villa Wustl, 1911 bis 1913 von Robert Oerley erbaut. Einem früheren Besitzer des Grundstücks, dem Freiherrn Hügel, verdankt der Garten bis heute seinen Gingkobaum und das Glashaus, das Oerley zum Teil in die Anlage einbezogen hat. Beim Abbruch des Vorgängerbaus, der Villa Hügel, wurde auch der alte Efeu geschont, den Oerley für den Neubau übernahm, soweit das möglich war. – Die große, kompakte Villa Wustl hatte ursprünglich ein mittleres Atrium – eine zentrale Halle – und folgte auch in ihrer Raumanordnung den Vorbildern englischer Landhäuser. Die Räume, um die Mittelhalle herum angeordnet, artikulieren sich über Erker und Loggien plastisch nach außen, die Obergeschoße und vor allem das markante, abgetreppte Pyramidendach (über dessen Verglasung die Halle belichtet wurde) verweisen aber wieder auf die kubische Grundkonzeption, die palladianische Züge hat. Überhaupt kündigt sich hinter dem reichen Ornament und der großzügigen Ausstattung eine Tendenz zu einer klassizistischen Verblockung an, die in der Zwischenkriegszeit im Wohnhausbau des Roten Wien (den Robert Oerley wesentlich mitbestimmte) wichtig werden sollte. – An der Auffahrt hat Oerley die beiden Vasen mit den Schildkröten platziert, die er für die Secession entworfen hatte (►Seite 32). 1936 wurde die Villa zu einem

Dekorative Sprossenfenster: Villa Wustl, 1911–13

Mehrfamilienhaus umgebaut. Teile ihrer ursprünglich luxuriösen Innenausstattung sind jedoch erhalten geblieben.

Das Haus Titania, Hietzinger Hauptstraße 36A, ist eine 1907 entstandene Arbeit des in Hietzing viel beschäftigten Architekten Josef Beer – und mit dem feinen, flachen und stark wandgebundenen Dekor und der pavillonartigen, etwas „japanischen" Dachsilhouette ein gutes Beispiel für die Architektur der späten Secession.

Im ► Hietzinger Bräu (Auhofstraße 1, Tel. 877 70 87, täglich 11.30 bis 15 und 18 bis 23.30 Uhr; Garten) wird gehobene Wiener Küche serviert.

Für einen abschließenden Kaffee empfiehlt sich das ► Café Dommayer (Auhofstraße 2, Tel. 877 54 65, täglich 7 bis 24 Uhr; Garten, fallweise Theateraufführungen und Konzerte), eine Hietzinger Institution mit teilweise erhaltener Ausstattung aus den 1920er-Jahren. „Hier lernt die Hietzinger Jeunesse dorée, wie der Abend außer Haus zu verbringen ist" *(Falter)*.

Steinhof und Otto-Wagner-Villen

Ausgangspunkt: Station Hamiltongasse der Straßenbahn-
linie 49 (Abfahrt an der Bellaria/U3-Station Volkstheater,
Ausgang Dr.-Karl-Renner-Ring)
Wenn Sie nur die Steinhofkirche besuchen wollen, nehmen
Sie den Bus 48A (Abfahrt ebenfalls an der Bellaria) bis zur
Station Psychiatrisches Krankenhaus Baumgartner Höhe.
Dauer: ca. 4 Kilometer, je nach Tempo und Aufenthalts-
dauer ca. 1,5 Stunden
Die Route: Villa Vojcsik von Schönthal – Villa Otto Wagner I
und II – Steinhof mit Kirche – Lupuspavillon von Wagner –
Heiliggeistkirche auf der Schmelz von Plečnik

Planen Sie diesen Spaziergang für einen Samstagnachmittag
ein, die Kirche am Steinhof ist nur samstags ab 15 Uhr für Besucher geöffnet.
Auf dem Weg durch die Linzer Straße, die einstige alte Poststraße
nach Westen, fällt das Haus Nr. 375 auf. Die Villa Vojcsik wurde
1900/01 von Otto Schönthal erbaut, der damals, gerade zwei-
undzwanzig Jahre alt, bei Otto
Wagner sein Studium ab-
schloss. F. Achleitner berichtet,
dass Otto Wagner seinen
Hausarzt und Tarockfreund
Ladislaus Vojcsik nicht durch
die bei einem Hausbau zu er-
wartenden Querelen verlieren
wollte und daher Schönthal, einen seiner begabtesten Schüler, empfahl. Schönthal baute
ein Haus, das wie kaum ein anderes den Secessionsstil auf
seinem Höhepunkt repräsen-
tiert und vor allem durch seine
Fassade beeindruckt. Schön-

Villa Vojcsik, Gartenseite

thal hat sie symmetrisch gestaltet; der überhöhte Mittelrisalit erhält durch seine Kopflastigkeit und durch den übereck gezoge-
nen Dachüberstand (ein sehr wagnerisches Motiv) eine fast klas-

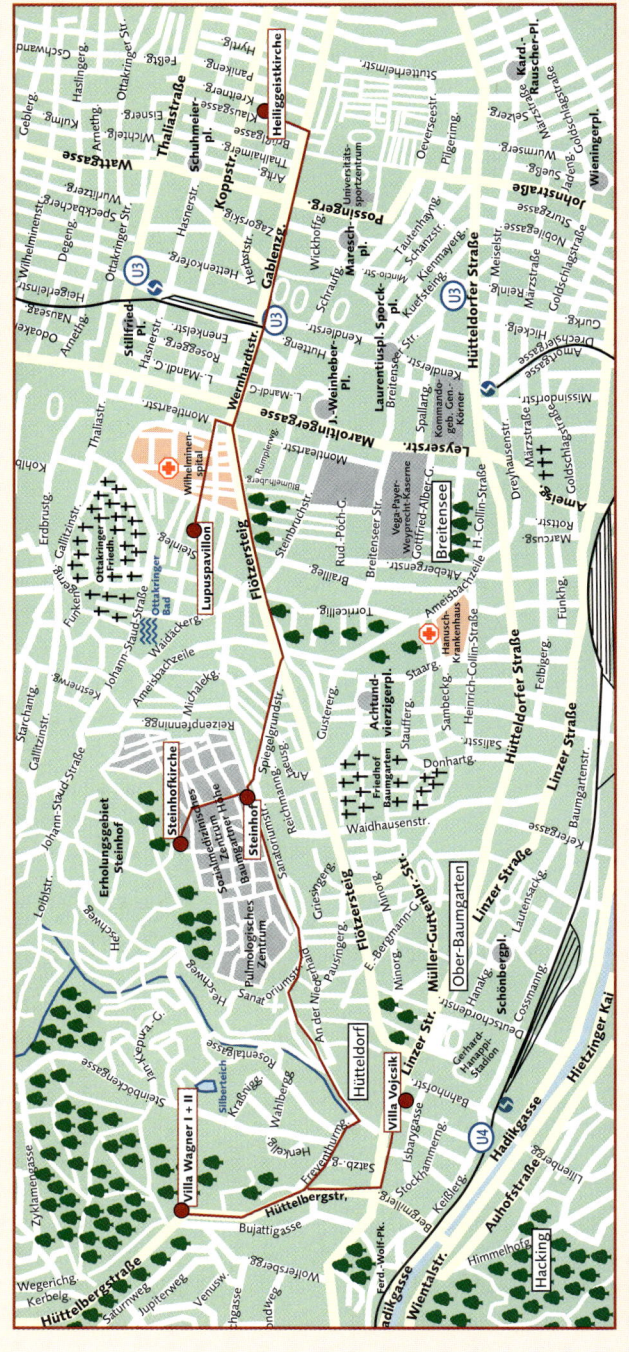

sizistisch blockhafte Wirkung.
Die beiden niedrigeren Seiten-
achsen heben den Mittelteil
hervor und rücken ihn von der
angrenzenden Verbauung ab.
Dadurch erhält der Bau eine pa-
laisartige Note. Mit dem unkon-
ventionellen Dekor und der
fantasievollen Portal-Fenster-
Gruppe hat Schönthal eine Pro-
be seines ganz besonderen gra-
fischen Talents geliefert. Kurz
darauf wurde er von Otto Wagner als Mitarbeiter an der Steinhofkirche (▶ Seite 91) enga-
giert. 1910 gründete er mit sei-

Villa Vojcsik, Fassadendetail

nen Studienkollegen Marcel Kammerer und Emil Hoppe eine Ate-
liergemeinschaft (eines ihrer Hauptwerke ist die Tribüne des Wiener Trabrennvereins im Prater). Die Villa Vojcsik wurde ab 1975
durch Boris Podrecca adaptiert.

Am damals äußersten Stadtrand, im Halterbachtal in Hütteldorf,
hat Otto Wagner 1886 bis 1888 für sich und seine Familie eine Villa erbaut, die zunächst als Sommersitz gedacht war, 1895 aber als
Dauerwohnsitz ausgebaut wurde. Die so genannte erste Villa
Wagner (Hüttelbergstraße 26, Mo bis Fr 10 bis 17, Führungen 10
bis 16 Uhr nach tel. Anmeldung, Tel. 914 85 75) ist mit ihrer axia-

Repräsentative Eleganz: erste Villa Wagner, 1886–88

len Raumabfolge, dem streng symmetrischen Grundriss und dem Hoheitsmotiv der repräsentativen Säulenloggia der klassischen Tradition der Villenbauten Palladios verpflichtet und widersetzt sich dadurch dem Zeitgeist. Gegen Ende des 19. Jahrhunderts baute man nämlich gerne „malerische", asymmetrisch angelegte Villen, die durch Giebel, Dächer und Türmchen einen pittoresken Effekt erhielten. Regionalistische und nationalistische Anleihen hatte Otto Wagner ohnedies seit jeher verachtet; im Kontext der Ringstraße aufgewachsen und ausgebildet, sah er sich als Vertreter einer kosmopolitischen, übernationalen Architektur, wie sie der Klassizismus immer schon gewesen war. Und Gottfried Semper, in dessen Tradition Wagner selbst stand, hatte die Renaissance als behelfsmäßigen Ausweg aus dem Stildilemma des 19. Jahrhunderts vorgeschlagen – so lange, bis ein zeitgemäßer, moderner Stil gefunden werde. „Der Architekt", schrieb Wagner 1898, „kann in die volle Schatzkammer der Überlieferung greifen; von einem Kopieren des Gewählten kann aber keine Rede sein, sondern er muss durch Neugestalten das Überlieferte dem Zweck anpassen." – Schon 1895 wurde das ehemalige Palmenhaus in der Südveranda der Villa zu einem Salon umgebaut, 1899/1900 folgte die Verglasung der nördlichen Veranda und ihre Adaptierung als Atelier (prachtvolle Glasfenster von Adolf Böhm). Auch die Wandgliederung in diesem Raum stammt vom Umbau von 1899. Das Haus ist seit 1988 ein privates ► Museum, in dem die Arbeiten von Ernst Fuchs, einem der Mitbegründer der Wiener Schule des Phantastischen Realismus, gezeigt werden. An der südlichen Grundstücksgrenze besteht noch das ehemalige Gärtnerhaus von 1886, Hüttelbergstraße 26A ist das einstige Glashaus (1886 erbaut, 1895 und 1910 erweitert).

Die zweite Villa Wagner (Hüttelbergstraße 28), erbaut 1912/13, war Otto Wagners letzter Wohnsitz. Als „ganz einfaches Einfamilienhaus für den Sommerbedarf" (Wagner) errichtet, mag sie für ihn eine Art gebautes Dokument für seine künstlerische Entwicklung gewesen sein. Das Haus ist ein strenger, glatt verputzter und exakt proportionierter Kubus, die Fenster (ihr Format ergibt sich aus der Eisenbetonkonstruktion) sind schlicht eingeschnitten, ihre Reihe hält gebührenden Abstand von den Baukanten. Der geometrische Dekor (von Kolo Moser) zwischen den Erdgeschoßfenstern ist vielleicht eine Anregung, die Wandstücke als Pfeilerschäfte zu lesen. Der Wechsel von Wand und

Öffnungen ergibt einen strengen und konzentrierten Rhythmus, und das weit vorkragende, rundum geführte Traufgesims mit seiner kassettierten Untersicht ist eine Verbeugung vor der Renaissance – in der zeitgemäßen Form einer Platte.

Zwischen den Wagner-Villen und dem Steinhof gibt es leider keine Busverbindung. Zu Fuß über den Berg und dann am Dehnepark entlang dauert der Spaziergang zum Steinhof gute zwanzig bis dreißig Minuten.

Portal der zweiten
Villa Wagner, 1912–13

Die Anlage des Sozialmedizinischen Zentrums Baumgartner Höhe, an dessen oberem Ende die Otto-Wagner-Kirche liegt, betritt man über den Haupteingang Baumgartner Höhe 1.

Die Kirche zum hl. Leopold am Steinhof (nur samstags ab 15 Uhr für eine Führung geöffnet; Eingang Baumgartner Höhe 1) ist eines der Hauptwerke Otto Wagners und einer der wichtigsten Kirchenbauten der Moderne überhaupt. Sie liegt weithin sichtbar auf dem Gallitzinberg am oberen Ende der Heil- und Pflegeanstalt Am Steinhof (heute Sozialmedizinisches Zentrum Baumgartner Höhe), die 1904 bis 1907 nach einem Konzept von Otto Wagner angelegt wurde. Die Anstalt mit ihren Pavillons, die auf dem ansteigenden Gelände symmetrisch angelegt wurde, gehörte damals zu den modernsten psychiatrischen Krankenhäusern Europas und erfüllte

Weithin sichtbar und unverkennbar: Kuppel der Steinhofkirche, 1904–1907

Altarmosaik in der
Steinhofkirche

mit ihrer Lage am Stadtrand und ihrer Aufteilung in kleine Einheiten (in der Mittelachse die Versorgungs- und Gemeinschaftseinrichtungen, unter anderem ein gut erhaltenes Theater, das auch heute zeitweise bespielt wird) alle zeitgemäßen Anforderungen an ein modernes Krankenhaus. Die Heil- und Pflegeanstalt und das westlich davon gelegene ehemalige Sanatorium für wohlhabende Geistes- und Nervenkranke (heute Pulmologisches und Orthopädisches Zentrum, Sanatoriumstr. 2) wurden nach einem Masterplan Otto Wagners vom Niederösterreichischen Landesbauamt zum Teil nach Entwürfen von Carlo von Boog ausgeführt, die Kirche stammt von Wagner selbst (Mitarbeit Otto Schönthal und Marcel Kammerer). – Schon 1899 (damals fand ein Wettbewerb für die Kirche am Zentralfriedhof statt, den Wagners Schüler Max Hegele für sich entscheiden sollte) hatte Otto Wagner in seiner Studie „Die Moderne im Kirchenbau" Grundsätzliches formuliert und für Überschaubarkeit, Ökonomie und Hygiene im Sakralbau plädiert. Das provozierte die Kritik des konservativen Klerus. „Was?", zitierte Otto Wagner seine Gegner in einem Brief, „riefen die ewigen Wasrufer, ein Gebäude mit Luft, Licht, Sanität, Zweckdienlichkeit, sogar Komfort, sogar Closets (!), das soll eine Kirche sein? Und gebaut aus den gotteslästerlichsten Stoffen: armiertem Beton, Kupfer, Glas, Belag von brettdünnen Marmorplatten. (...) Das ist nicht liturgisch, darin kann man nicht Messe lesen." Man konnte doch, da sich die Planung in liturgischer Hinsicht als einwandfrei erwies, und die von Wagner eingeforderten praktischen und hygienischen Rücksichten waren wegen der typologischen Sonderform – nicht Pfarr-, sondern Anstaltskirche – leichter zu begründen. All das wurde im Rahmen eines Entwurfs realisiert, der mit traditionellen sakralen Hoheitsmotiven arbeitete, denn über dem Grundriss in Form eines griechischen Kreuzes erhebt sich eine weithin sichtbare, golden schimmernde Tambourkuppel, die Wahrzeichencharakter hat (und wegen der 0,7 Millimeter dünnen, beweglich angebrachten Kupferplättchen dem Standort bald die Bezeichnung „Limoniberg" einbrachte). Das Äußere des Gebäudes ist über einem Sockel aus lokalem Stein „mit Marmorplatten bekleidet, die durch 30 cm hohe, aber 4 cm starke Riemenschichten gehalten sind. Die Befestigung Letzterer geschieht durch Kupferknöpfe, welche an in die Mauern eingelassene Eisendornen angeschraubt werden" (O. Wagner). Das Gebäude wird über eine repräsentative Säulenvorhalle betreten; die Engelsfiguren stammen von Othmar Schimkowitz. Die seitlichen Tore waren für den getrennten Zugang männlicher und weiblicher Patienten gedacht, das Mitteltor sollte bis auf wenige Gelegenheiten geschlossen bleiben (und wiederholt damit die in der gesamten Steinhofanlage durchgeführte Blockierung der Mittelachse). An den Fronten der Kreuzarme waren Abgänge in die Krypta geplant. Im Rundbogenfenster der Fassade ist der Sündenfall dargestellt (Entwurf Kolo Moser), die beiden Figuren auf den Turmaufsätzen (hl. Leopold mit Modell von Steinhof und hl. Severin) stammen von Richard Luksch. Der helle, übersichtliche Innenraum ist fast ganz in Weiß gehalten; erst im Altarraum wird, um den Blick dorthin zu lenken, starke Farbigkeit eingesetzt. Im Inneren wird offensichtlich, dass Wagner für die Kuppel eine zweischalige Lösung gewählt hat: außen eine hohe Tambourkuppel für die Fernwirkung, innen eine eingehängte Konstruktion von etwa zwanzig Meter Höhe, um einen akustisch ungünstigen „Kuppelschlauch" (Wagner) zu vermeiden. In die Dachkonstruktion, die auf den Mauerpfeilern in den Kreuzwinkeln lastet, ist ein aus T-Eisen gebildetes Netz eingehängt, in das Rabitzplatten – Leichtplatten aus Drahtgeflecht und Putzmörtel – eingesetzt sind, sodass sich ein einfaches, dekoratives Gitternetzmuster ergibt. Dieses Muster nimmt keine Rücksicht auf die Form der Gewölbefelder und deklariert sich dadurch als Membran oder Textil, das beliebig zugeschnitten werden kann – und die akustisch günstige raue Oberfläche ergibt. Der Fußboden ist mit Fliesen belegt (die Kacheln mit den Punkten nehmen das Motiv der Fassadenplatten mit den Befestigungsnoppen auf) und fällt zum Altar hin um 26 Zentimeter ab, um einen besseren Blick auf den Altar zu gewähren. Die Kirchenbänke sind besonders kurz, um in Notfällen den Pflegern den Zugriff auf die Patienten zu erleichtern, und statt stehendem Wasser sollte es in den Weihwasserbecken fließendes geben. – Ausstattung und Einrichtung der Kirche sind gut erhalten. In den Thermenfenstern der Querarme: links die sieben Werke der leiblichen Barmherzigkeit (dargestellt durch hl. Elisabeth, Rebekka, hl. Bernhard, hl. Martin, hl. Johannes von Gott, hl. Johannes von Matha, Tobias), rechts die sieben Werke der geistigen Barmherzigkeit (Johannes der Täufer, hl. Franz von Sales, hl. Clemens Maria Hofbauer, hl. Theresia, Josef von Ägypten, hl. Stephanus, Abraham), alle nach Entwurf von Kolo Moser. Das Altarmosaik wurde nicht nach Wagners Intention gestaltet, sondern ist eine Arbeit von Remigius Geyling und Leopold Forstner (in der Mitte Christus mit Maria und Josef, Engel, rechts davon hll. Dymphne, Alois, Margarete, Vitus, Severin, links hll. Elisabeth, Hermann, Christophorus, Franziskus, Pantaleon und Leopold). Davor ein vergoldeter Baldachin mit Kristallglasrückwand. Die Seitenaltarmosaiken stammen von Rudolf Jettmar. – Mit der Kirche am Steinhof hat Otto Wagner sein zeitgenössisches Verständnis von Modernität formuliert, ohne die traditionelle Typologie zu verlassen. Erstaunlicherweise hat Wagner in seinen Schriften zur Kirche zwar seine Formenwahl funktionell begründet, er äußerte sich aber nicht zu den semantischen Aspekten dieses Werks, das als überkuppelter Zentralbau mit klassischer Säulenvorhalle in einer langen Tradition steht.

Auf Wagners Zeitgenossen wirkte der Raum wenig spirituell. Man kann nur spekulieren, ob es Wagner, dem Fortschritts- und Technikoptimisten, vielleicht auch um eine zeitgemäße Neudefinition sakraler Spiritualität gegangen ist, die eben anderen Kriterien folgte als die stärker pathetische Vorstellung der nachfolgenden Generation. Jože Plečniks Kirche in der Herbststraße (▶ Seite 95) ist dazu ein gutes Vergleichsbeispiel.

Ehemaliger Lupuspavillon, 1910–13

Am (unteren) Haupteingang der Steinhofanlage (Baumgartner Höhe 1) kann man mit dem Bus 48A zu einem Spätwerk Otto Wagners, dem 1910 bis 1913 erbauten ehemaligen Lupuspavillon des Wilhelminenspitals, fahren (Montleartstraße 37; Haltestelle Flötzersteig/Wilhelminenspital). Der Pavillon (heute Abteilung für Rehabilitation) liegt etwas abgerückt am westlichen Rand der Anlage. Der Grundriss in H-Form ermöglichte an der Rückseite des Pavillons, die sich in die Landschaft öffnet, eine Ehrenhoffassade, die mit ihrem betonten Mittelteil stark klassizistisch wirkt – ähnlich wie die zweite Villa Wagner, jedoch in einer sehr kubischen und reduzierten Form. In Zusammenhang mit der Berücksichtigung all jener Kriterien, die für ein modernes Spital unabdinglich waren, wie Hygiene, Durchlüftung und Durchsonnung, gelang Wagner ein Gebäude, das formal die Botschaft einer nüchtern-zeitgemäßen, fortschrittlichen medizinischen Einrichtung transportiert.

Weiter stadteinwärts (Bus 48A, Haltestelle Brüßlgasse) liegt die Heiliggeistkirche auf der Schmelz, ein weiterer bedeutender Sakralbau der Wiener Jahrhundertwende. In einem der damals am stärksten verwahrlosten Arbeiterviertel Wiens, in Ottakring, sollte ab 1908 eine Kirche errichtet werden, und der engagierte Pfarrer Franz Unterhofer wandte sich an Jože Plečnik. Nicht nur ein pastorales, auch ein soziales Zentrum sollte sie sein, Missionsstation, Pfarr- und Gemeindezentrum und Veranstaltungssaal, ein Flaggschiff der Reevangelisierung der Arbeiterschaft, von der sich christlichsoziale Kreise nichts weniger als die Lösung der sozialen Frage erwarteten. Das Thema des Versammlungsraums für eine Kirchengemeinde hatte Otto Wagner kurz zuvor in einer Reihe von expe

Altar von A.O. Holub, 1912

rimentellen Entwürfen für eine „Interimskirche" thematisiert. Außerdem war seine Kirche am Steinhof vier Jahre zuvor fertig geworden und stellte als Inkunabel modernen sakralen Bauens eine große Herausforderung an die jüngere Generation dar, obwohl sich die Sonderform der Anstaltskirche ohne Pfarrfunktion (keine Taufen, Trauungen usw.) kaum als Vorbild für eine Pfarrkirche eignete. – Die Planungsgeschichte der Heiliggeistkirche ist kompliziert und war von ständigem Geldmangel geprägt. Erst 1910, als Erzherzogin Sophie, die Frau des Thronfolgers, als Pro

Das Innere der Heiliggeistkirche, 1911–13

tektorin gewonnen werden konnte, besserte sich die Lage; 1911 wurde die Krypta fertig gestellt, 1913 die Kirche geweiht. Plečnik konnte nach einer Grundstücksverbreiterung die zunächst schmal und lang geplante Kirche in fast quadratischer Form errichten. Bei gleichzeitiger Entscheidung für die basilikale Raumform – ein funktional und ideologisch motivierter Rückgriff auf einen frühchristlichen Typus – kombinierte Plečnik nun einen Längs- und einen Zentralraum, indem er statt einer Pfeiler- oder Arkadenfolge als Trennung zwischen den Schiffen zwei Eisenbetonträger einführte. Sie überbrücken den gesamten Abstand zwischen Fassadenwand und Altarraum und führen als perspektivische Fluchtlinien den Blick des Eintretenden direkt zum Altar (an der Wand Mosaik mit der Darstellung der sieben Gaben des Heiligen Geistes, von Ferdinand Andri, 1912; Altar von Adolf Otto Holub nach dem Vorbild in der Steinhofkirche, nicht den ursprünglichen Intentionen Plečniks entsprechend). Über den Trägern liegen Galerien, deren Außenwände in Fenster aufgelöst sind. Ein gut funktionierender, übersichtlicher Saal musste es sein, eine Neudefinition des Bautypus Kirche in einem modernen und zeitgemäßen Sinn, aber auch ein ausdrucksvolles Ambiente, das ganz im Sinn der katholischen Erneuerungsbewegung der Jahrhundertwende religiöses Gefühl provozieren sollte. Dies gelang Plečnik vor allem in der Krypta, einer fünfjochigen Halle unter dem Altarraum (Licht am linken Abgang). Die Details, aus der Eisenbeton-Bauweise entwickelt, stehen mit ihren kristallinen Formen dem Prager Kubismus nahe und sollten ursprünglich farbig bemalt werden. Grober, dunkler Sichtbeton mit Ziegelsplittern sorgt für eine grottenartige, geheimnisvolle, kontemplative Raumstimmung (Lichtkonzept von Boris Podrecca, 1979 bis 1981), der man sich kaum entziehen kann (und die vielleicht eine gebaute Kritik an der Abwesenheit von Spiritualität, wie sie Otto Wagners Steinhofkirche kennzeichnet, gewesen ist). Ohne tatsächliche formale Zitate erinnert die Krypta an die unterirdischen Gebetsräume des Frühchristentums ebenso wie an Grotten- oder Höhlenheiligtümer oder Interieurs der Ostkirche. – An den Hauptraum mit dem Altar (von Plečnik und Josef Engelhart), in dem Ferdinand Andris Taufbecken von der Secessionsausstellung von 1905 steht, schließen verschiedene kleinere Räume an: das Heilige Grab im Süden, die Geburtsgrotte im Westen und die Ölberggrotte im Osten. Die intimen, stimmungsvollen Räume der Unterkirche waren für Andachten und Zeremonien im kleinen Kreis gedacht und kontrastieren effektvoll mit dem übersichtlichen, modernen Gemeinderaum darüber (der im Übrigen etwa gleichzeitig mit Frank Lloyd Wrights Unitarian Church in Oak Park / Chicago entstanden ist). – Zu beiden Seiten der Kirchenfassade, einer palladianischen Tempelfront, waren an den Ecken des Baublocks ein Pfarrhof und ein Zinshaus geplant; die etwas zurückversetzten Mauerflanken sollten sie mit der Kirche verbinden. Auch der geplante venezianische Campanile wurde nicht ausgeführt. Der in Kunstangelegenheiten ahnungslose, aber in seinem Urteil niemals zimperliche Ehemann der Patronin, Thronfolger Franz Ferdinand, bezeichnete die Kirche als „eine Mischung von Venustempel und russischem Bad und Pferdestall, respektive Heumagazin". Plečnik hat mit der Heiliggeistkirche moderne Formen und Materialien sehr früh für den Sakralbau adaptiert. Die Fassade ist allerdings nicht, wie gerne behauptet wird, die erste Kirchenfassade aus sichtbar belassenem Beton.

Der Rundgang ist hier beendet. Für eine Pause bietet sich das ein wenig weiter stadteinwärts gelegene ► Gasthaus Vorstadt an (Herbststraße 37, Tel. 493 17 88, täglich 10 bis 2 Uhr; Garten). So könnten die berühmten Ottakringer Gasthäuser (und es gibt seit jeher nicht wenige, nicht zuletzt wegen der hier ansässigen Brauerei) früher einmal ausgesehen haben. Auch nicht weit weg, aber etwas rustikaler: das ► Schutzhaus Zukunft auf der Schmelz (verlängte Guntherstraße, Tel. 982 01 27, täglich 9 bis 23 Uhr; großer Garten, Do und So Veranstaltungen und Tanz) inmitten einer Schrebergartenanlage, die ursprünglich ein Exerzierplatz war.

Josef Hoffmann auf der Hohen Warte

Ausgangspunkt: Endstation der Straßenbahnlinie 37 (Abfahrt von Haltestelle Schottentor)

Dauer: ca. 2 Kilometer, je nach Tempo und Aufenthaltsdauer ca.1 Stunde

Die Route: Villenkolonie auf der Hohen Warte – Haus Knips von Josef Hoffmann – Insektenpulverfabrik Zacherl

Zu diesem Spaziergang kann nur in der kalten Jahreszeit geraten werden, da die Häuser im Sommer von Gebüsch und Efeu verdeckt werden. Wie schon beim zweiten Rundgang handelt es sich auch hier um eine Reihe von Villen, die nicht innen besichtigt werden können.

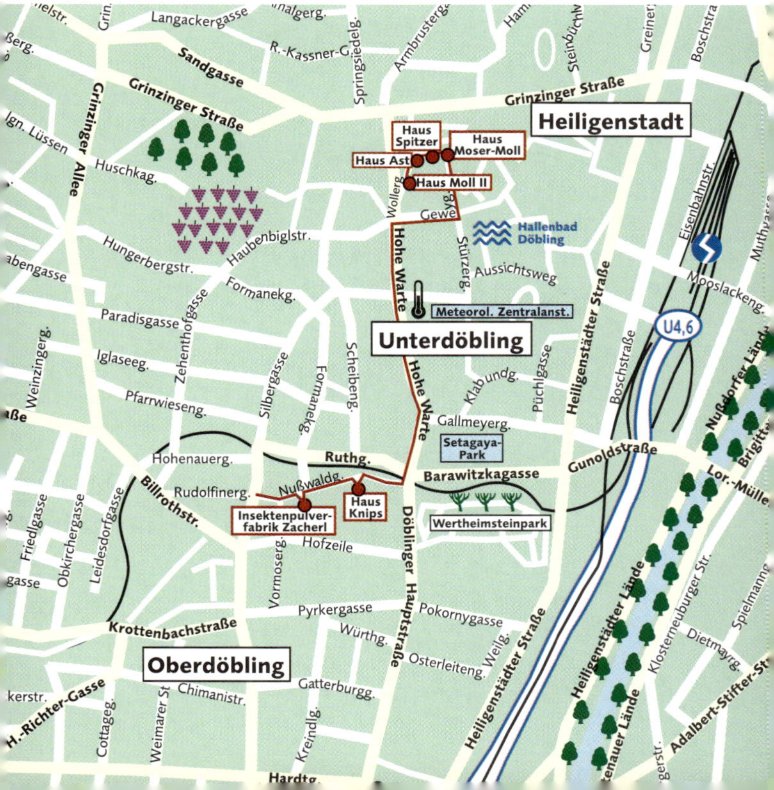

Auf der Fahrt dorthin (ca. 15 Minuten) kreuzt die Linie 37 die Gürtellinie der Stadtbahn (Linie U6, ► Seite 17); unmittelbar dahinter befindet sich links ein Rest des 1784 angelegten, bis 1884 belegten Währinger Israelitischen Friedhofs. – Auf dem Weg auf die Hohe Warte liegen ein ► Beethoven-Wohnhaus (Eroicahaus, Döblinger Hauptstraße 92; Gedenkstätte eingerichtet von Elsa Prochazka, 1992; Di bis So 9 bis 12.15 und 13 bis 16.30 Uhr) und die ▶ Villa Wertheimstein (Döblinger Hauptstraße 96; erbaut 1834, später als Salon der Josefine von Wertheimstein beliebter Treffpunkt von Künstlern und Schriftstellern der Gründerzeit; heute Bezirksmuseum; Sa 15.30 bis 18, So 10 bis 12 Uhr).

Die Hohe Warte ist ein Hügel im Bezirk Döbling und hat ihren Namen von einem römischen Wachtturm, der angeblich dort gestanden haben soll (tatsächliche römische Funde hat man etwas weiter nördlich am Heiligenstädter Pfarrplatz unter der St.-Jakobs-Kirche gemacht). Die Bebauung mit Villen ist typisch für den gutbürgerlichen nördlichen Stadtrand an den Abhängen des Wienerwaldes. Sie begann in der ersten Hälfte des 19. Jahrhunderts, als eine Heilquelle bei der Heiligenstädter Pfarrkirche zahlreiche wohlhabende Städter veranlasste, sich hier im Grünen Villen und Landhäuser zu errichten. Einige dieser Biedermeiervillen sind bis heute erhalten geblieben.

Josef Hoffmanns Villenkolonie auf der Hohen Warte umfasst das Geviert Wollergasse – Steinfeldgasse – Geweygasse. Sie geht auf eine Initiative einer Gruppe von Secessionisten zurück, die hier eine Lebens- und Arbeitsgemeinschaft im Grünen gründeten. Viele Künstler in ganz Europa fühlten sich von den lebensreformerischen Utopien der Jahrhundertwende angezogen. Man malte oder schrieb in alternativen Gemeinschaften, die sich oft in entlegenen Gegenden wie dem norddeutschen Worpswede oder auf dem Monte Verità zusammenfanden. Die Gruppe, die auf die Hohe Warte zog, setzte sich allerdings aus Künstlern gutbürgerlicher Herkunft zusammen. Mit liberalem Hintergrund und ausreichender Finanzkraft waren sie ein Spiegelbild jenes aufgeklärten städtischen Großbürgertums, aus dem sich ihre Klientel rekrutierte. Daher stand auf der Hohen Warte eine künstlerisch durchgestaltete Umgebung im Vordergrund. Von Anfang an dabei waren der Maler und Designer Kolo Moser und sein Freund, der Maler Carl Moll, beide Gründungsmitglieder der Secession; außerdem zwei Fotografen, Victor Spitzer und Hugo Henneberg. Sie baten zunächst Joseph Maria Olbrich, den Hausarchitekten der Secession, um eine Planung. Olbrich war aber durch seinen Umzug nach Darmstadt verhindert, der Auftrag wurde daher im Mai 1900 an Josef Hoffmann weitergegeben.

Der 1870 geborene Hoffmann, ebenfalls einer der Mitbegründer der Secession, ausgebildet bei Carl von Hasenauer und Otto Wagner, war damals bereits sehr erfolgreich: Schon als Neunundzwanzigjähriger war er als Professor an die Kunstgewerbeschule berufen worden, wo auch Kolo Moser lehrte. Er hatte vor allem durch Inneneinrichtungen auf sich aufmerksam gemacht, aber auch schon durch einige Häuser. Großes Aufsehen hatte sein 1900 für die Weltausstellung in Paris konzipierter Raum der Kunstgewerbeschule erregt. Nach einer secessionistischen Phase mit stark kurvilinearen, plastischen Formen, mit denen er sich deutlich von seinem Lehrer Otto Wagner absetzte, wandte sich Hoffmann damals den strengeren, geometrischen Vorbildern der englischen Künstler zu. Ihre Arbeiten waren Hoffmann bereits aus Zeitschriften bekannt, als er seinen Freund, den Industriellen Fritz Wärndorfer, zur Vorbereitung der 8. Secessionsausstellung 1900 nach Glasgow schickte, um den Kontakt zu Charles Rennie Mackintosh herzustellen. Zusammen mit seiner Frau Margaret Macdonald zeigte dieser dann auf der Ausstellung eine Einrichtung für ein Teezimmer, die ein spektakulärer Erfolg werden sollte, und Wärndorfer ließ seinen Musiksalon von dem Schotten ausstatten. Großen Einfluss auf Hoffmann übten auch die Produkte der englischen Guild of Handicraft aus, was sich in einer starken Stilisierung seiner Entwürfe und in einem Zurückgehen auf einfache Grundformen, Materialechtheit und sorgfältige Fertigung niederschlug. Umgekehrt nahmen die Schotten bald auch Wiener Anregungen auf.

Hoffmann baute zunächst drei Villen, eine davon ein Doppelhaus, für die vier Freunde: das Haus Henneberg, Wollergasse 8

Von Efeu überwuchert: Haus Spitzer (1901)

(1900/01, im Zweiten Weltkrieg beschädigt und in völlig veränderter Form wieder aufgebaut), das Haus Spitzer (1901/02), Steinfeldgasse 4, und das Doppelhaus Moser-Moll (1900/01), Steinfeldgasse 8. Alle Häuser haben zentrale Hallen mit offenen Stiegenaufgängen und Ateliers im Dachgeschoß, sie öffnen sich in Loggien und Terrassen ins Freie, und ihre asymmetrisch angeordneten, stark aufgegliederten Baukuben erzielen mit den unterschiedlichen Dachformen und -silhouetten einen malerischen Effekt, obwohl auf Dekor weitgehend verzichtet wird – das Äußere der Villen ist durch große glatte Flächen gekennzeichnet. An allen Villen dieser Gruppe verwendete Hoffmann das in Ostösterreich unübliche Fachwerk, das sich in ungewöhnlichem, aber den Originalintentionen entsprechendem Blau von den Mauern effektvoll abhebt. Fachwerk war an den Villenbauten der 1880er-Jahre in Mode gekommen; meist (wie hier) nur dekorativ verwendet, ergab es den von der Architektur des frühen Tourismus erwünschten Schweizerhaus-Effekt. In England hingegen war Fachwerk ein Bestandteil der Bautradition und wurde daher von der Arts-and-Crafts-Bewegung der Jahrhundertwende (▶ Seite 76), die ihre (mit starkem moralischem Anspruch befrachteten) Erneuerungsimpulse aus der nationalen Tradition bezog, gerne aufgenommen. Auf den merkwürdigen Gegensatz zwischen dem Malerischen des Fachwerks und der Giebel und einem zweiten, mediterranen Element hat E. Sekler hingewiesen. Kubische Bauteile mit weit vorkragenden, plattenartigen Gesimsen brachten an der Fassade des (heute leider bis zur Unkenntlichkeit veränderten) Henneberg-Hauses ein neues Element ein, eine Tendenz zu noch stärkerer

Doppelhaus Moser-Moll, 1900/01

Vereinfachung. Bereits als Italienstipendiat hatte Hoffmann die Villen des mediterranen Raums bewundert und gezeichnet, und der Aspekt des Klassischen sollte in seinem Werk nie wieder ganz verloren gehen. Das Klassische war ja auch in den Biedermeiervillen der Hohen Warte gegenwärtig, und die Wiener Künstler sollten sich bald wieder an Architektur und Design des Klassizismus und Biedermeier erinnern – als jenen Punkt, an dem die Tradition ihrer Meinung nach durch den Historismus unterbrochen worden war.

1905/06 wurde ein weiteres, sehr „englisches" Haus entworfen (für Alexander Brauner, ehemals Geweygasse 11; nach dem Zweiten Weltkrieg abgebrochen).

Es folgten 1906/07 das (heute stark veränderte) Haus Steinfeldgasse 7 für Helene Hochstetter und das Zweite Haus Moll (Wollergasse 10). Dieses unterscheidet sich wesentlich von den bisher gebauten Villen der Kolonie: Es ist einfacher, kubischer und flächiger, und Hoffmann verwendet neue Materialien und Dekorelemente, zum Beispiel Eternitschindeln und schwarz-weiße Rechteckfriese. Mit der Verschmelzung von (scheinbar gegensätzlicher) Klassizismusrezeption und stärkerer Dekorativität im Detail hat Hoffmann einen sehr eigenständigen Stil geprägt, der seiner großbürgerlichen Kundschaft entsprach und gefiel. Er entwickelte ihn als Designer in seiner 1903 mit Fritz Wärndorfer gegründeten Wiener Werkstätte weiter.

Haus Moll II, 1906/07

1909 bis 1911 baute Hoffmann für den Baumeister und Stahlbeton-Pionier Eduard Ast das letzte Haus der Kolonie (Steinfeldgasse 2 = Wollergasse 12), das sich durch seinen geschlossenen Baukörper stark von den

Haus Ast, 1909–11

zuvor erbauten Häusern abhebt. Das Detail ist auf eine für Hoffmann typische Art klassizistisch: Zwar benutzt er klassische

Grundlagen, wandelt sie aber immer wieder sehr fantasievoll und unorthodox ab (die Kannelierung, wie sie am ganzen Haus vorkommt, ist zwar ein klassisches Element, ihre Verwendung auf einer Wandfläche aber ist zutiefst unklassisch). Diese Art von Villa – kubisch, mit Walmdach, „eingesunkenem" Erdgeschoß und mehr oder weniger klassizistischer Gliederung – sollte Hoffmann noch mehrmals variieren (vgl. Villa Skywa-Primavesi, ▶ Seite 78, oder Haus Knips, siehe unten). Das Haus gehörte eine Zeit lang Alma Mahler. Die Tochter des Malers Emil Jakob Schindler und Stieftochter von Carl Moll, die mit Gustav Mahler, Walter Gropius und Franz Werfel verheiratet war, führte hier einen Salon, in dem Oskar Kokoschka, Arnold Schönberg, Alban Berg und viele andere Intellektuelle und Künstler des Fin de Siècle verkehrten. Zusammen mit Franz Werfel emigrierte Alma 1938 in die USA.

Schräg gegenüber von der Straßenbahnhaltestelle steht noch eines der Biedermeier-Landhäuser aus der ersten Hälfte des 19. Jahrhunderts (Nr. 31).

Ein kleiner Umweg auf der Rückkehr ins Zentrum führt die Hohe Warte bergab: auf Nr. 38–40 die 1851 gegründete Zentralanstalt für Meteorologie und Geodynamik; auf Nr. 32 das ehemalige Israelitische Blindeninstitut von 1871; auf Nr. 19 die Villa Rittershausen, erbaut 1879 bis 1881 von den auf Theaterbauten spezialisierten Architekten Fellner & Helmer; auf Nr. 5 die prachtvolle Villa Kratzer des Ringstraßenarchitekten Theophil von Hansen von 1863 und auf Nr. 5 das 1920 von dem Otto-Wagner-Schüler Michael Rosenauer erbaute Portal der ehemaligen Filmgesellschaft Dreamland, die hier in den 1920er-Jahren bestand. Daneben liegt der ▶ Setagaya-Park, ein 1992 eröffneter japanischer Garten (täglich 7 Uhr bis Einbruch der Dunkelheit; keine Hunde); der große Bau am unteren Ende der Hohen Warte ist das Kinderheim der Stadt Wien. „Hohe Warte" ist im Übrigen seit den 1920er-Jahren ein Synonym für Fußball, denn hier hat der First Vienna Football Club, vulgo Vienna, sein Stadion, in dem in der Zwischenkriegszeit unter anderem Freiluft-Opernaufführungen stattgefunden haben.

In der Nußwaldgasse 22 liegt das Haus Knips, das Josef Hoffmann 1924/25 erbaute – eine Variante des zuvor gesehenen Typus (Haus Ast, siehe oben) mit einem eingeschoßigen Flügelbau, in dem die Wirtschaftsräume liegen. Es ist das letzte der

Hoffmanns Haus Knips von 1924/25

großen städtischen Familienhäuser Hoffmanns – und bestimmt das von den Eigentümern am besten gepflegte. Mit der deutlichen Akzentuierung der Hauptetage durch die großen Fenster erhält das Gebäude etwas besonders Distinguiertes, Palaishaftes, und der fein detaillierte Dekor ist sehr eigenwillig gestaltet – die Rahmen der Fenster bestehen aus horizontal geschichteten Plättchenmotiven, die Fenster mit ihren Diagonalsprossen sind ein wichtiges Element der Flächengliederung, ebenso wie die in die Putzfläche gesetzten Diamantmotive. Am Nebentrakt werden die Fenster von Art-déco-Zackenmotiven bekrönt. Der elegante, großzügige Stil der 1920er-Jahre mag heute konservativ anmuten, damals – durch die ganze Kunstwelt war nach dem Ersten Weltkrieg ein „Ruf zur Ordnung", zur Rückbesinnung auf das Klassische, gegangen – war er modern, wenn auch nicht im Sinn des Internationalen Stils. – An der Innenausstattung hat Hoffmanns Schülerin Christa Ehrlich mitgearbeitet.

Am Ende der Nußwaldgasse liegt auf Nr. 14–16 die sehr bemerkenswerte ehemalige Insektenpulverfabrik Zacherl. An einen bestehenden Fa-

Die Insektenpulverfabrik Zacherl wurde nach orientalischen Vorbildern gestaltet

Hier wurde das Insektenpulver „Zacherlin" erzeugt

brikstrakt bauten die Gebrüder Mayreder 1892/93 ein Gebäude in persischen Formen, denn der Bauherr, der Insektenpulverhersteller Johann Evangelist Zacherl, bezog den Rohstoff für sein Produkt namens Zacherlin aus Persien. Zacherl sollte später einer der wichtigsten Bauherren des Wagner-Schülers Plečnik werden (►Seite 52). Mit der prächtigen vielfarbigen Keramikverkleidung und der auffallenden Kuppel ist es eines der wenigen Wiener Beispiele für eine Architektur in orientalisierenden Formen.

Mit einer Straßenbahn der Linien 37 oder 38 gelangt man von der Billrothstraße wieder ins Zentrum. Auf dem Rückweg sei ein Besuch im Café-Restaurant ► Blaustern am Döblinger Gürtel 2 (Tel. 369 65 64, Mo bis Do 7 bis 1, Fr 7 bis 2, Sa 8 bis 2, So 9 bis 1; Garten; eigene Kaffeerösterei) empfohlen.

Noch nicht genug?

Schauen …

Natürlich verfügen auch die Wiener Museen über umfangreiche Sammlungen zur Kunst der vorletzten Jahrhundertwende. Kunstgewerbe, Möbel, Schmuck und Grafiken der Secession und der Wiener Werkstätte zeigt das MAK (Museum für angewandte Kunst). Da es als Vorbildsammlung für die gewerbliche und industrielle Produktion der Gründerzeit angelegt wurde, sind seine Sammlungen bis heute nach Materialien geordnet. Sie finden dort prachtvolle Möbel, Schmuck, Grafik und Textilien, Glas, Keramik und anderes mehr (Adresse und Öffnungszeiten ▶ Seite 64). Das Wien Museum Karlsplatz zeigt unter anderem Interieurs aus der Wohnung von Adolf Loos, Arbeiten von Gustav Klimt, Egon Schiele und dem großartigen Richard Gerstl (Adresse und Öffnungszeiten ▶ Seite 39). Die Österreichische Galerie im Oberen Belvedere (4., Prinz-Eugen-Straße 27, www.belvedere.at, Di bis So 10 bis 18 Uhr) verfügt über mehrere Hauptwerke von Gustav Klimt, Egon Schiele, Richard Gerstl und Oskar Kokoschka, aber auch über zeitgleich entstandene Bilder anderer europäischer Künstler. Die Sammlung Leopold, nun im MuseumsQuartier (1., Museumsplatz 1, www.leopoldmuseum.at, Mi–Mo 10 bis 19, Fr 10 bis 21 Uhr) zu sehen, zeigt unter anderem die weltweit größte Schiele-Kollektion. Frühe Arbeiten von Gustav Klimt (der damals mit seinem Bruder Ernst und dem Maler Franz von Matsch zusammenarbeitete) können im Treppenhaus des Kunsthistorischen Museums (1., Maria-Theresien-Platz, www.khm.at, Di bis So 10 bis 18, Do 10 bis 21 Uhr) besichtigt werden, wo die Künstler ab 1890 in den Zwickeln der Arkaden und in den Wandfeldern zwischen den Säulen die Epochen der Malerei in allegorischer Form dargestellt haben. Weitere Arbeiten dieser Künstler aus der Zeit, als sie noch der Monumentalmalerei der Ringstraßenzeit verpflichtet waren, sind in den Feststiegenhäusern des Burgtheaters (1., Dr.-Karl-Lueger-Ring 2) erhalten (linkes Stiegenhaus/Landtmannseite: Theater in Taormina, von Gustav Klimt; mittelalterliche Mysterienbühne, von Franz von Matsch; Hanswurst, von Ernst Klimt; rechtes Stiegenhaus/Volksgartenseite: Dionysostheater in Athen, von Franz von Matsch; Globe Theatre in London, von Gustav Klimt; Molière-Theater, von Ernst Klimt. Führungen durch das Theater: Di, Do, Fr 9 und 15, Sa 15, So 11 und 15 Uhr).

... stöbern, und vielleicht kaufen

Antiquitätenfreunden sei der Besuch des Wiener Flohmarkts (auf dem an den Naschmarkt westlich anschließenden Gelände, jeden Samstag ab sechs Uhr früh) empfohlen. Am Wochenende gibt es am Donaukanal auf der Höhe des Schwedenplatzes ebenfalls einen kleinen Flohmarkt.

Kunstgewerbe aus dem ersten Viertel des 20. Jahrhunderts kann man nicht nur in den Antiquitätenläden der Innenstadt, sondern mit etwas Glück auch bei den zahlreichen „Tandlern" um den Naschmarkt und anderswo entdecken (in diesem Zusammenhang ist das in der Reihe der kleinen Schlauen im Falter Verlag erschienene Büchlein „Antiquitäten und Altwaren in Wien" unentbehrlich!). Im Auktionshaus Dorotheum (1., Dorotheergasse 17, www.dorotheum.at, Mo bis Fr 10 bis 18, Sa 9 bis 17 Uhr; Filialen in mehreren Bezirken) kann man ebenfalls fündig werden; ein Besuch der Freiverkaufsabteilung im zweiten Stock wird angeraten.

Bücher zum Thema findet man in den Museumsshops. Auf Architektur spezialisiert ist die Buchhandlung Prachner (1., Kärntner Straße 30), die auch im MuseumsQuartier eine Filiale betreibt (Gestaltung: querkraft, 2001; täglich 10 bis 19 Uhr).

Register